これだけは
知っておきたい！

小学校教師の
仕事の基礎知識

学級づくり、授業づくりからスキルアップ術まで

西山佳祐

学事出版

はじめに

　本書を手に取っていただき、ありがとうございます。この本では新学期の準備や、掃除、給食、各教科の指導法や特別支援の知識まで幅広い内容を記載しています。書店に行けば、それぞれの内容で多様な本が店頭に並んでいます。しかし、お忙しい日々の中で、それらの知識を網羅して学んでいくのは相当大変です。が、それと同時に小学校教師という仕事は幅広い知識とスキルが求められているのも事実です。そこで、1冊で小学校教師という仕事に必要な知識が詰まっている本を届けたいという思いから、執筆に至りました。新卒や若手の先生は最初から読まれて仕事をイメージされたり、ベテランの先生は気になった項目を辞書代わりに読んでいただいたりと都合良く使ってください。また、参考文献も多数、記載しています。私が現場で悩んだ際に、ヒントを求めて何度も読んでいるものばかりです。ぜひ、気になった項目の参考文献も読んでみてください。

　私は大きな実践の成果があるわけでも、大きな研究団体に属しているわけでも、附属小学校の経験があるわけでもありません。大阪の一教員として、悩みながらつくり上げてきた仕事の方法を共有して、同じように悩みながら仕事を頑張られている先生の何かの助けになりたいと思っています。

西山佳祐

もくじ

はじめに

第3章 **スキルアップ**

第1章　学級づくり

1 新年度の準備：学級開き

　新年度の子どもたちへの指導についてです。1年中、どの時期の指導も大切ですが、やはりスタートの時の指導が特に大切なのは言うまでもありません。特に新年度の三日間は「黄金の三日間」と呼ばれ、昔から重要視されてきました（向山洋一氏の言葉です）。教師である私たちも新しい希望に満ちあふれている？ように、子どもたちもスタートの時は「頑張ろう」とプラスの気持ちをもっている率がとても高いのです。前年度は不適応行動を起こしていた子も、年度当初は「今年こそ頑張ろう」と思っているのです。その機会をうまくとらえて、最初の三日間でほめながら、クラスの規律やシステムを確立していくのです。このようなことをこの三日間でどう意識していくのかをここから解説していきます。

（1）学級ルールの確立のために

　スタートする前に、これだけは守って欲しいというルールをピックアップしてみましょう。教師自身の指針を明確にしたうえで、学級開きでその内容を伝えるのが良いでしょう。よくあるのが「先生が叱る時はこの三つです。一つ目は…」という語りです。ポイントを明確にして完結に伝えることが大切です。私の場合は守るべきルール＝法律と解釈して「法律違反になるようなことには厳しく指導するよ」と伝えていました。友だちへの暴力は暴行ですし、物かくしは窃盗になります。クラス内のルールは大きなことだけではありません。日常生活を送るうえで細かなルールも必要になってきます。子どもたちが安心して過ごすための細かなルールも確認しておきましょう。それは学校の校則や学年の取り決め、そのクラスで生活するうえで守って欲しいことです。これらはその都度、確認することも多いと思います。その際に大切なことは「全体へ確認する」「理由を説明する」です。何かルールを伝える際に、一人ひとりに伝えていては教師も人間なので、必ず内容の食い違いが起こり

ます。子どもに質問された際に「今、○○さんが聞きに来てくれたことですが…」と全体に説明しましょう。同じことを質問されて、それに答えるという手間も省けます。また、その際に、なぜルールを守るのかも伝えましょう。ルールを守る必然性や納得感が伴うと、子どもたち同士で意識できるようになります。大人でも意味のわからないルールを押し付けられると不満が募ります。短い趣意説明で良いので入れてみてください。時間があるなら子どもたちに理由を考えさせるのも大切です。低学年なら「廊下を走っている人ばかりの学校だと、どんなことが起こるかな？」と考えさせるようなイメージです。子どもたちは目の前のことしか想像を広げられません。人とぶつかってしまったその後はどうなるのか…教師の語りも交えて、危険予測をさせてみてはどうでしょうか。

（2）ポイントとなるルールを伝える

　次に、私自身が子どもたちに伝えていたポイントとなるルールを紹介します。一つ目は「他人を傷つけない」です。「人間には一人ひとり幸せになる権利があります。身体はもちろん、心も守られるべきものです。それが侵害される時、先生たちもクラスのみんなも許しません」という内容を発達段階に合った言葉で伝えます。二つ目は「人の話を聞くこと」です。「話が聞ける人は人を大切にできる人です。さまざまな人の話を聞いて、考え、自分も話してという活動の中で自分を高めていく場所が学校です。その第一歩はしっかりと聞くことなのです」といった感じです。他人を傷つけず、話を最後まで聞くことができるクラスになれば、後は自然と学力も集団のつながりも高まっていくはずです。そのような思いから、この2点を年度当初に子どもたちに伝えています。

　そのようなルールが破られた場合は毅然と指導しなければなりません。毅然というのは大声を出して怒鳴りつけるという意味ではありません。「○○さん、立ちなさい」「今、なんと言ったのですか」と発言をたしなめたり、「○○さん、その話は今は必要のないことです」と伝えた

りすることです。普段は笑顔で授業したり、遊んでいたりする中でも、きりっと表情を変えて短くでも毅然と伝えましょう。大切なことは、最初にそのようなルールを破る行動を見た時の対応です。細かなことだと、つい最初だから…と容認してしまう場合があります。しかし、最初の、そして小さな内から毅然と対応していけばそれ以上広がっていくケースは少ないはずです。

（3）学級のシステムをつくる

　子どもたちが登校してから下校するまでに「朝の時間」「各教科の授業」「休み時間」「給食時間」「掃除時間」「帰りの時間」とさまざまな時間があります。それらの時間ごとに、子どもたちがわかりやすく過ごせるシステムを確立してあげると、子どもたちは安心して過ごすことができます。「朝の会や帰りの会」「給食時間」「掃除時間」「各教科（授業づくり）」はそれぞれの項をご覧になってください。また「係活動」の項もありますので、当番や係などはそちらをご参照ください。ここでは細かなクラスのルールについてご紹介します。まずは「忘れ物」についてですが、クラスで子どもが忘れ物をした時のルールを取り決めておくと便利です。私は貸し出しコーナーを作っておき、そこに鉛筆、赤鉛筆、定規、下敷き、絵の具、クレパス、ノートのコピーなどをセットしていました。忘れ物をした子は休み時間に担任の先生の許可を得て、そこから借りることになっています。使い終わったらきれいな状態で返却するように指導しています。このルールがあると、忘れ物があった際に一つひとつに対応しなくても良くなるのです。

　「休み時間」のルールも決めておきましょう。ボールや大縄は先生の許可を得て使用する、許可を得た子が責任をもって教室に持って帰ってくるなどと決めておくと、物の管理がしやすくなります。また、雨の日の遊び方の道具の使い方もルール化しておきましょう。使ったカード類は使ったメンバー全員で片づける、学校のルールにもよりますが、新た

なカード類を持ち込む際は必ず先生の許可を得るなどです。使った後は各カードを色付きのフィルムケースに入れて、所定の場所に片付けるところまで説明しておくと良いでしょう。

（4）新年度最初の授業

　新年度最初の授業について簡単にお話します。それぞれの教科や学年別の詳細というよりは、すべてに通じる原則をお伝えします。まずは「わかりやすい」ことが大切です。新年度は希望にあふれている子が多いです。しかし、学力の積み重ねは人によってまちまちです。そこで、これまでの積み重ねを必要としないような発問もいくつか用意しておいてください。そしてその発問による展開が「知的」であることが望ましいです。当たり前だと思っていたことが覆されるような発問や、意見が分裂するような発問を考えておきましょう。新年度に開催される各種セミナーでの授業をストックしておくのも良いでしょう。

　そして、その時間の活動で子どもたちが「達成感」を味わうことができれば最高です。その授業の中で、1回は発表ができたり、1回はノートに丸が付いたりするような展開を意識してみてください。最初の授業で「この先生の授業は楽しい」「この教科は面白い」という印象をもってもらえることができたら、その後の指導も学びが深まっていく可能性が高くなるでしょう。

2 新年度の準備：校務分掌

　ここでは、新年度の準備の見通しをもっていただくために、校務分掌、そしてスタート時の子どもたちの指導についてお話していきます。教師にとって4月は最も忙しい時期です。新たなメンバーと新たな子どもたち…私も毎日、疲労困憊になって帰宅していることも多いです。4月の仕事について見通しをもつことで、少しでも皆さんが余裕をもって働け

ることを願っています。

校務分掌は、場合によって3月中に発表されている場合もあります。しかし、多くは4月1日の発表です。そこから最初の提案に向けての準備がスタートします。私はこれまで大きな分掌として「生徒指導主任」「校内研修主任」「特別支援コーディネーター」を経験しました。他にも「体育主任」「保健主事」などがありますが、私が経験していないために解説は割愛します。

（1）生徒指導主任の仕事

　校内の生徒指導に関わる仕事のリーダーです。年度当初に「学校内の決まり」を職員に提案することがスタートです。なので、まずは、これまでの校内の決まり（児童向けの決まりや職員向けの内規）を確認する作業からになります。全てを確認したうえで、大切なポイントを職員に向けて会議等で伝えてください。私が生徒指導主任の時、児童向けの決まりはありましたが、職員内の内規がなかった状態でした。携帯電話をもって来た場合はどうするのか？共通して絶対に指導すべきことは何か？などを明確にするために、自分なりの提案を作り、職員会議にかけました。もう一つ、年度当初の大切なポイントは緊急時の対応確認です。子どもの捜索（地域への）の割り振りやいじめが発覚した時の職員の対応マニュアル、不審者が侵入した時の対応マニュアルを確認して、新年度にあった体制に変更、共通理解を図りました。その他、地域によっては児童会や朝礼指導を兼ねる場合があるので、4月の割り振りなどを確認しました。最後に4月最初、校内全体に話す内容を考えます。ただし、最初からいろいろと伝えることは避けるべきでしょう。4月は子どもたちも頭がいっぱいです。視覚的な支援（ポスターや実物）を入れながら、伝えたい1点に絞って、始業式で伝えてみてください。私は「自分も周りも幸せになる学校をつくろう。みなさん全員を全員の先生で支えていきます」といった趣旨のことを簡単に伝えました。新学期が始まってか

らは生徒指導対応が主な仕事となります。いじめや非行などの情報を一元化して管理職と共有、素早いケース会議を実施して、子どもや職員を支える基盤となってあげてください。

（2）校内研修主任の仕事

　校内研修に関わる仕事のリーダーです。年度当初に、「研修目標」「研修計画」を職員に提案することがスタートです。これまでの研修記録を確認したり、昨年度の方針をもう一度読み返したりしましょう。そのうえで、今年度どのような研修をしていきたいのかをわかりやすく提案するのです。私は会議の時間をもらって、プレゼン資料をパワーポイントで説明しました（あくまで時間は短く）。職員全員が同じ方向を向いて研究や研修に進んでいくことができれば、それは必ず子どもたちにかえっていくことになるでしょう。研修テーマに関しては、これまでの学校の研修の蓄積や、課題をもとに決めると良いでしょう。テーマを広くして、特別支援学級や専科指導の先生方も研修に取り組めるような場合もあれば（「主体的に学ぶ子どもの姿をめざすための手立てについて」など）、狭く設定して、研修の効果を測定しやすくする方法もあります（「道徳　Ａ　正直　誠実の教材の授業展開と各学年の系統性について」など）。そして、校内研修に外部講師を呼びたい場合は注意が必要です。教育委員会の講師や、大学の先生などは他の学校も招待しようと考えているはずです。日程が決まり次第、すぐに依頼をしてください。また、謝礼についての相談を管理職の先生や学校事務の先生としておきましょう。

（3）特別支援コーディネーターの仕事

　特別支援関係に関する情報の取りまとめや窓口となります。特別支援学級の主任を兼ねる場合と、そうでない場合があります。今回は内容をシンプルに説明するために、特別支援学級の主任を兼ねない場合につい

てお話します。まずは、その学校の特別支援に関わる役割や人材を整理しましょう。特別支援学級の主任、言語通級指導教室担当、日本語指導教室担当、不登校担当、生徒指導主事（主任）など、自治体や各学校によって異なりますが、これらが年間を通じて連携をとっていく中心的な職員となります。次に学校と繋がる外部機関も整理しておきましょう。発達検査関係の機関（都道府県や市の教育センター）やスクールカウンセラー、スクールソーシャルワーカー、家庭支援員さんや、場合によっては子ども相談所や児童相談所などです。地域の医療機関も知っておくと良いでしょう。私は学校と繋がる可能性のある機関を年度当初にリストアップしました。この作業によって、それぞれのケースに応じて必要な機関とすぐに連絡を取ることができます。それから校内用の特別支援に関する計画や実施案を作成しましょう。特別支援に関わる年間計画は、主に特別支援学級の主任の先生が作成する場合が多く、私は特別支援に関わる実施案（フローチャート）を作成、提案しました。クラスで相談したい子どもが出てきた場合に、誰に相談をすれば良いのか、その後はどのような流れになっていくのかを図にしたのです。よくある誤解として、クラスで困っている子はとにかく特別支援学級へと考えられていることがあります。しかし、特別支援学級にもクラスの種類があり、入級の基準や教育委員会の審査があります。特別支援学級入級以外にもさまざまな機関との連携や、クラス内で実施可能なサポートがあります。特別支援コーディネーターはそれらを担任の先生と一緒に考えていく仕事なのです。その考える機会をケース会議として、担任の要請があったら、これらの職員たちと集まって、対策会議を開くのです。この司会進行を特別支援コーディネーターが行っていました。付け足しになりますが、私は他にも毎月、職員に向けて特別支援に関する研修も行っていました。

3　新年度の準備：教室環境　通常学級編

　通常学級の担任はもちろん、特別支援学級や、時には専科指導でも自分の教室が割り当てられます。年度当初に割り当てられた教室からどのように環境を設定していくのかは、その教室の先生に委ねられているのです。

（1）教室の安全性

　机や椅子は正常な状態なのか、本棚は壊れていないか、窓やドアは正常に開閉するか、床は破損していないか…などを子どもの視点に立ってチェックしてみてください。細かなトゲが出ていたり、実は裏側が壊れていたりする場合があります。子どもたちが登校する前に修理や交換をするようにしましょう。前年度の担任がチェックしているだろうという思い込みは危険です。年度末の忙しい時期ですので、チェックが漏れていたり、以前は空き教室だったりする場合もあるからです。また、これらのチェックは少なくとも月に1回は教師自身が行うようにしましょう（子どもと一緒にチェックできるとなお良いでしょう）。子どもたちが使用して破損していたり、いつの間にか物が移動して危ない位置にあったりする場合もあるからです。特に、窓側に子どもが乗れるような足掛けになるものがある場合は、転落事故を防ぐために必ず撤去してください。

　教室からの避難経路も確認しておきましょう。年度当初に教室から運動場への避難経路が出されているはずです。いざという時にクラスの子どもたちを先導して避難させなければなりません。必ず頭に入れておきましょう。

　安全確保のチェックができた後は教室の掃除をしてください（年度当初は忙しいので余裕があればですが）。昨年度の担任がきれいにして教室を受け渡してくれているはずですが、これも安全管理と同じです。年度終わりの忙しい時期での仕事ですし、前年度は誰も使用していない教

室かもしれません。机の中や棚の中、ロッカーなどをきれいに掃除して、気持ちよく子どもたちを迎え入れる準備をしましょう。きれいな教室は子どもたちも汚しにくいものです。清潔さは1年間保つようにしておくことが理想です（アメリカの「割れ窓理論」の話は有名です）。

＊アメリカの犯罪学者ジョージ・ケリング博士が提唱した「割れ窓理論」というものがあります。1枚の割られた窓ガラスをそのままにしていると、さらに割られる窓ガラスが増えていき、いずれ街全体が荒廃してしまうといったものです。1枚の窓ガラスと同様、最初のささいな汚れや不備を取り除き、きれいな教室を維持したいものです。

（2）学習や娯楽についての環境整備

　私のおすすめは「学級文庫」と「辞書・辞典」です。教室に据え置きの学級文庫を見てみましょう。子どもたちが手に取りそうな本が揃っていれば、そのままでも大丈夫です。しかし、ボロボロの本や子どもたちの実態に合っていない本ばかりが入っていることもあります。その場合は司書の先生に相談してみてください。また、自分で百科事典や言葉辞典、調べ学習用の本などを持っておくと便利です。費用はかかりますが、長く使えるものですし、子どもたちの学習とリンクすることもできます。学習用具以外の娯楽グッズも大切です。私は授業や休み時間のレクレーションで使用するためのグッズを準備していました（大規模の学校では休み時間に運動場を使える学年が決まっていたりするため、毎時間外に行けないのです）。トランプやウノ、都道府県カルタや、ジェンガ、百人一首や動物将棋などです。学校から遊びグッズを支給される場合も多いので、確認しておきましょう。

（3）教室内の視覚支援

　ユニバーサルデザインの観点から、黒板の全面に掲示をしないというのは有名です。学校目標以外の掲示をしないのがベターです。また、全面に棚やテレビ台がある場合は、カーテンなどで目隠しをしておくとスマートです。教室の背面は子どもたちの作品を掲示している場合が多い

と思います。残っているのは側面です。ここに、子どもたちがいつでも確認できるように、当番や係の名簿を掲示しておきましょう。また、残ったスペースに学年通信や絶対に守って欲しい決まり、クラスの目標を掲示していました。

4　新年度の準備：教室環境　特別支援学級編

　次は、特別支援学級の教室環境についてです。こちらは障がいの程度や子どもたちの実態によって、教室のレイアウトが異なってきます。目の前の子どもたちが過ごしやすい環境をつくることが一番です。ここからの内容はあくまで一つの参考にしてください。私は教室を大きく三つのスペースに分けていました。学習スペースとレクレーションスペース、先生スペースです。これらのスペースについて解説していきます。

（1）学習スペース

　授業の教科学習をここで行います。子どもの机と机の間にはパーテーションを設置して、個別で学習ができるようにしていました。さらに自分専用のカゴを設置して、そこに教材をやる順番に毎日入れていました。慣れてくると子どもたちはその日のメニューをカゴから取って、自分で始めることができるようになります。場合によっては数段あるボックスを用意して、上から順番に教材を取っていく形式のものでも良いと思います。ペアで会話したり、グループでの課題が必要だったりする時はパーテーションを取るようにしていました。レクレーションスペースとの間を棚で区切り、その棚には子どもたちの教材や辞書、漢字カードや百玉そろばん、学習用タブレットなどを置いていました。

（2）レクレーションスペース

　ここは子どもたちが集まって簡単なレクレーションを行う時に使うス

ペースです。私は遊びの練習やSST、算数の一環としてカードゲーム（トランプやかるたなど）をよく行っていました。柔らかいマットを敷いてあり、学習スペースとは棚で区切られています。レクレーション以外にも子どものクールダウンにも使っていました。屈むと学習スペースからは見えないようになっているため、学習をしている間も子どもがクールダウンすることができます。マットで横になって休憩することもできます。休み時間には子どもたちが集って遊べるように、発達段階に応じたオモチャを棚に用意していました。

（3）先生スペース

　ここは文字通り先生が使うスペースです。勝手に先生の物を触らないために、このスペースの床にテープを貼り、ここから先へは基本的に入らないというルールにしていました。ここには教師用の机や教材を置いていました。また、教師用のパソコンとプリンターをセットして、いつでも教材がその場で印刷できるようにしていました。特別支援学級の場合、なかなか職員室に戻るタイミングが難しいため、とても便利でした。教師用のタブレットや印刷用紙、インクなども保管していました。私の場合、まだ小さい物を口に入れてしまう子どもを担当していたため、小さなオモチャなどもここに保管していました。

　それぞれのスペースを作るメリットとしては、子どもたちが「ここは、これをする場所」という意識が明確になることです。学習スペースでは学習のモードになり、レクレーションスペースではリラックスモードに、先生スペースでは集中して仕事ができるようになります。場所に目的をもたせて、子どもたちに意識付けするという手法です。ぜひ、子どもたちの実態に合わせてレイアウトしてみてください。

（4）全てのスペースに共通するポイント

　どのスペースにも共通して心がけていたことがあります。それは、子

どもたちが使いやすく、何より清潔であるということです。わかりやす
く物を配置して、子どもたちが自分で片付けができるような工夫をする
となお良いでしょう。おもちゃごとに色分けのテープを貼ったり、片付
けるべき棚におもちゃの写真を貼ったりなどです。また、掃除も通常学
級以上に清潔にするように心がけていました。子どもたちの掃除任せに
するのではなく、毎日自分でも掃き掃除などをしていました。マットや
ICT機器などを掃除するためのグッズを常備しておくと、掃除に割り当
てられた子どもがやってくれます。

　付け加えて、特別支援学級の教室にはいわゆる支援グッズ（サポート
グッズ）も常備していました。文字を少し拡大して読みやすくするリー
ディングルーペや、読みたい行だけ見ることができるリーディングス
リット、さらに漢字をイラストと一緒に覚えられる漢字イラストカード、
指で弾いて計算できる百玉そろばんなどです。聴覚刺激を軽減するため
のイヤーマフや、視覚刺激を軽減する個人用パーテーションもありまし
た。鉛筆を持ちやすくするサポートグッズや、足に刺激を入れるグッズ、
感覚を刺激するクッションやバランスボールなどもあると良いでしょ
う。さまざまな特別支援に対応してグッズが販売されています。これら
を子どもたちの実態に合わせてセットしてみてください。

5　朝の会・帰りの会

　皆さんのクラスでは朝の会、帰りの会をどのようにしているのでしょ
うか。まず、いきなりですが、朝の会に正解はないと思っています（も
ちろん教育活動自体にも正解はなく、いつもベターを求めていくものだ
と思っています）。

　このプログラムをしたから間違いなく子どもたちが成長する！と考え
るのではなく、目の前の子どもたちに合わせた内容を考えることが大切
です。そして、そもそも実施するのかどうかも含めて考える必要がある

🔴 発達障がいの子どもへの　　環境支援について 💬

「環境支援」と聞くと、どのようなサポートを思い浮かべるでしょうか。ケガをしないようにマットを敷いていたりだとか、集中しやすいように机にパーテーションを設置してあったりなど物理的な環境を思い浮かべる方が多いのではないかと予想できます。

　物理的な環境支援はとても大切です。しかし、用意をするのにコストがかかる…、備品を設置するためには申請して、許可されて、購入して、設置というハードルがあります（ちなみに、コストがかからない物理的な環境整備もあります。例えば「忘れ物対策」です。発達障がいの特性から、どうしても学習用具を忘れてしまい、学習に支障が出る…、そんな場合は学校に必要なものを置いておきましょう）。

　もっと簡単に関わることのできる環境があります。それは、発達障がいの子どもの周りの子どもや、私たち教師です。これは「人的環境」と呼ばれます。「トラブルが多い際には全体の場で遊びのルールを確認する」「トラブルが予期される場合はどのような言葉かけをすれば良いのか、みんなで考える機会をもつ」「教師も遊びの輪に入って、適切なルールや言葉遣いを遊びの中で獲得させていく」などの支援にコストはかかりません。その子を変えるのではなく、その子の周りの人的環境を変えていくことから始めてみてください。

と思っています。

　学習指導要領上の位置付けはどうなっているのでしょうか。朝の会も帰りの会も1958（昭和33）年版以降の学習指導要領に明確な位置付けはされていません。過去の学習指導要領試案で記述があるのみです。

　しかし、皆さんの学校やクラスでも朝の会や帰りの会を実施しているクラスがほとんどではないでしょうか。そこに意図があるなら良いですが、慣例だけに基づいた実施であるなら、教育的効果は薄いかもしれません。私は子どもたちの実態や学年に合わせて実施することもあれば、そもそも実施しないこともあります。では、意図をもったプログラムとは何かについて考えてみましょう。朝の会は時間的に一日の授業が始まる前に行われます。ここでの役割は大きく五つに分類することができます。

（1）出欠や健康状態の確認

（2）一日の活動の見通し

（3）一日の目標の確認

（4）授業へのウォーミングアップ

（5）授業で必要とさせる、あるいは授業で補完しにくい能力の育成

（1）出欠や健康状態の確認

　これは朝の会をする、しないに関わらず必ず必要な内容です。朝の会をしないとしても教師が確実に出欠や健康状態を確認する必要があります。しかし、その方法についてはさまざま考えられます。教師が一人ひとりの名前を呼び返事をさせる。健康状態についても一人ひとりに尋ねて確認するといった方法もあれば、空いている席のみ確認して、健康状態を一斉に尋ねるという方法も考えられます。そして当然、それには教育的意図があり、それは異なります。

　一人ひとり名前を呼ぶ場合ですが、一日のスタートに教師とやりとりを行う、全員の名前を呼ぶことができる、表情や声からその子の様子が

アセスメントできるなどの良さがあります。一斉に確認する方法では時間が短い分、その他の活動への時間が確保できます。どちらが目の前の子どもたちにとって必要なのかを考えて教師が実施する必要があるのです。

（2）一日の活動の見通し

　その日の時間割の確認や特に確認が必要な内容について、教師が伝達するといった内容です。その日の見通しをもって一日を過ごせることは生活の安定に繋がります。また、特に特別支援が必要な子どもはいつもとは違う流れへの対応が苦手な場合が多いです。事前に丁寧に見通しを伝えることは、そのような子どもの支援に繋がります。ホワイトボードなどにあらかじめ書いておくといった方法も考えられます。また、係活動からの連絡や委員会からの連絡もこの位置付けに入ると思います。

（3）一日の目標の確認

　学校にはあらゆる目標があふれるほどに多くあります。学校の教育目標、学年目標、学級目標、生徒指導上の月別目標、給食の月別目標、ここに人権上の月別目標があったりする場合もあります。大人でもこれだけの目標を記憶しておくのは難しいのではないでしょうか。そこで、朝の会で現在クラスにとって必要な目標を毎朝、確認することが考えられます。これが学級目標の場合もあれば、教師が設定した頑張って欲しい目標の場合もあるでしょう。私はクラス会議（後述します）で子どもたち同士が決めた目標を朝に確認しています。

（4）授業へのウォーミングアップ

　子どもたちは学校に来たからといっていきなり授業モードに切り替わるわけではありません。家庭でさまざまな背景を抱えた子どもが学校にやってきます。そんな子どもたちを授業モードに切り替える活動を設定

することも考えられます。例えば、気持ちのウォーミングアップとして、お互いの昨日のことを質問し合ったり、今日頑張りたいことを伝えあったりなどするコミュニケーションの活動があります。また、学習のウォーミングアップとしては現在学んでいる内容の簡単なクイズを出したり（子どもたちが考えて出題するといった形式もあります）、連絡帳を聴写したり、朝に声をそろえて歌を歌ったりなどがあります。

（5） 授業で必要とさせる、あるいは授業で補完しにくい能力の育成

　先に挙げた連絡帳の聴写や学習内容のクイズ、歌などはここの項目にも重なります。また、非認知能力の育成としてビジョントレーニング（眼の運動）を行ったり、体幹や筋力を鍛えるための簡単な運動を行ったりすることが考えられます。また、交代でスピーチなど言語活動を設定して能力を育成することもあります。その他にも毎日継続させたい簡単な内容の活動を設定すると効果的です。

　これら（1）〜（5）の組み合わせを中心にして朝の会のプログラムを設定することがお勧めです。

　私が行っていた朝の会のメニューを紹介しますので、参考にしてください。

□ **日直による健康観察**

　→日直が名前を呼んでいき、返事と健康状態を伝える。「はい。元気です」など

□ **日直による目標の確認**

　→クラス会議（後述）の目標を日直が伝える。「今週の目標は、〜です」

□ **日直への質問タイム**

　→日直に対して質問をしていく。発表力やつながり強化のため

□ **ビジョントレーニング（教師主導）**

　→1〜3分でできる眼の体操

＊連絡帳の聴写でも良い（教師が読み上げて子どもが内容を写していく）

□ 今日の予定の伝達（教師から）

　　→授業の予定や行事の予定などを伝えて一日の見通しをもたせる

　次に帰りの会について考えてみます。当然、時間的な位置づけは下校前になります。プログラムの意図としては以下の三つがあります。

① 一日の振り返り

　朝に目標の確認をしている場合は、それが達成されたかどうかを確認することが有効です。また、その日の振り返りを日記に書いたり、スピーチでみんなに伝えたりといったことも考えられます。教師が総括して子どもたちの様子の振り返りを伝えることも考えられます。

② 活動の見通し

　その日の宿題について再度確認することをよくしていました（特に低学年の場合）。こちらは、伝えたつもりになっていても家に帰って「あれ？どうするのだろう？」といったことがよくあります。それを少しでも防ぐために帰宅前にもう一度確認するのです。また、翌日の持ち物や特別な活動の簡単な見通しを話すこともあります。これは、朝の会で述べた意図と同じです。

③ 授業で必要とさせる、あるいは授業で補完しにくい能力の育成

　先述した朝の会と同様ですが、帰りの会ならではの活動としては振り返りと③の項目を合わせた、「認め合い」「ほめ合い」といったものがあります。これは、子どもたち同士でその日の行動を認め合ったり、ほめ合ったりする活動ですが、教師が伝える場合もあります。代表的な実践は菊池省三さんの「ほめ言葉のシャワー」です。毎日、順番に対象となる子どもが設定されており、朝にスピーチなどの活動をします。帰りにその子どもをみんなでほめるのです。このような活動は子どもの自尊心を向上させたり、子ども同士の繋がりを強化したりする効果があります。

　最後に、子ども同士で課題を伝え合うといった活動もあります。しか

し、マイナスの状態で下校させるのはあまり望ましくありません。プラスの状態で下校できるためにもこのような活動の設定が望ましいです。もちろん、何度も述べていますが、目の前の子どもたちに合わせて活動を設定することが何より大切です。

6 給食の目標と指導

　毎日、当たり前のようにある給食。どのような目的で開始された制度なのでしょうか。スタートは東北地方での貧困児童への対策です。無料で昼食を提供したことが学校給食の起源とされています。戦後はユニセフからミルクを寄贈されてユニセフ給食が始まりました。また、アメリカから小麦の寄贈も受けていました。このように日本の給食は貧困対策の一環だったのです。では、現在の目標はどのようなものなのでしょうか。現在でも学校給食の目標の第一項は、「適切な栄養の摂取による健康の保持増進を図ること」となっています。つまり、健康の保持増加が目的なのです。少なくなりましたが、今も朝食を満足に摂取できていない子どもや、バランスの取れた食事は給食のみといった子どもがいます。それらに対するセーフティネットの役割は大きいのです。

（1）給食の目標

　現在の目標は大きく分けると「社会性」に関わる目標と「知識」に関わる目標があります。「社会性」の部分では「学校生活を豊かにし、明るい社交性及び協同の精神を養うこと」「生命及び自然を尊重する精神並びに環境の保全に寄与する態度を養うこと」「勤労を重んずる態度を養うこと」という文言があります。つまり、明るく協力しながら給食と向き合うとともに、食やそれに関わる人を軽んじることなく、感謝をもっていただくことが求められているのです。これらは給食の準備や片付け時の指導にも繋がってきます。現在もまだ、感染症対策で難しいところ

もあると思いますが、社会性と共同性を意識した時間である必要があるのです。また、食べることに関していえば、個人によって食べる量や味覚に対する感覚は異なります。無理な喫食の強要は虐待です。しかし、生命の尊重や環境の保全の観点から、食べ物をできるだけ無駄にしないという意識も大切なのです。

「知識」の部分では「日常生活における食事について正しい理解」「我が国や各地域の優れた伝統的な食文化についての理解」「食料の生産、流通及び消費について、正しい理解」という目標になっています。ただ給食の方法だけを指導するだけでなく、学年に応じて食事のマナーや食文化、その背景などについて指導していく必要があります。これら「社会性」や「知識」に関わる指導については、日々の教師のちょっとした話もそうですが、栄養教諭と連携した食育授業や、道徳の価値項目とリンクした授業などを年間計画に位置付けるのが望ましいです。

（2）給食指導

スタートは配膳です。4時間目の授業が終わると、給食準備という流れがほとんどだと思います。まずは、素早く給食の準備をすることが求められます。配膳室に食器類を取りに行く必要のある学校は、特にそうです。落ち着いた給食時間を過ごさせるためには時間のゆとりがとても大切です。どの場所にエプロンを置けば良いかを考えたり、低学年であれば、エプロンを着る練習や素早く並ぶ練習をしたりすることが必要です。また、なぜ素早くする必要があるのかを子どもたちに説明することも大切です。次に、給食を食器に盛り付ける作業です。どの位置に食缶を置けば良いか、どのようなルートで配膳すれば良いかなどの計画を立て、さらに子どもたちと共有する必要があります。置き場所がバラバラだったり、列や順番が乱れると時間もロスしますし、落としたりなどの事故にも繋がります。

喫食中は、こちらも食べているので、なかなか指導がしにくいシーン

です。無理する必要はないと思いますが、子どもたちが食べている途中に机間巡視を1回だけ行うだけでも大きく変わります。

　最後は片付けについてです。これも指導をしなければ、乱雑な片付け方になります。食事に関わる生活習慣は家庭ごとの差が非常に大きいからです。まず、正しい片付け方を年度当初に指導する必要があります。さらに、きれいな状態で食器を返却することができているか、食器類の向きは揃っているかなどを教師が確認し、できていなければそのつど指導をしていきます。効果的なのは教師が返却場所に立っていることです。教師の目があるだけで正しい行動を取ろうとしますし、正しく返却できている子をほめるチャンスにもなります。

7 清掃の目標と指導

（1）清掃の目標

　小学校での清掃活動は教育課程の中でどのように位置付けられているのでしょうか。それは学級活動の活動内容(2)「日常の生活や学習への適応及び健康安全」のエ「清掃などの当番活動等の役割と働くことの意義の理解」に教育活動として位置付けられています（文部科学省 学習指導要領「生きる力」第6章特別活動より）。大きく分けると「学級内での当番活動の役割に責任をもつこと」と「清掃活動の意義を理解すること」に分けることができます。責任をもって働くことを指導すると同時に、掃除をすることの意義やその気持ちよさなどについても指導も必要なのです。

（2）清掃の役割分担

　各学校では清掃や清掃時間という呼称ではなく掃除と思いますので、ここからは掃除で統一します。掃除時間を円滑に進めるための大きなポ

イントは人数の割り振りです。年度当初に各クラスが担当する掃除場所が割り当てられるケースがほとんどです（教室・教室前廊下・特別教室など）。ここに、何人ずつ配置するかについて実際に掃除場所を見に行って教師が割り振ります。人数が少な過ぎると掃除がなかなか終わりませんし、多すぎると手持無沙汰になってしまい遊んでしまうリスクが高まります。私の場合でいえば、自分が監督できる教室に多くの割合で人数を配置していました。

　さらにその場所でどのような掃除内容を担当するのかを考えていく必要があります。これは、学校や子どもたちの実態によっても違いますが、大きな役割だけでなく、誰がどのようにどこまで掃除するのかを明確化しておくとトラブルが起こりにくいのです。さらに、自分の掃除道具に名前や番号を付けて、持ち物の責任をはっきりさせると、より安全に掃除をすることができます。掃除担当範囲は色テープなどを付けて、どこからどこまでと視覚的にわかりやすくするのが効果的です。

　教室内掃除を例に挙げてより具体的に考えていきます。クラスの人数にもよりますが、上記の通り多くの人数をここに配置します。22人が教室掃除だとすると、7人＝掃き掃除、7人＝床のふき掃除、2人＝黒板とゴミ捨て、2人＝棚のふき掃除、2人＝本棚やロッカー、2人＝テレビ台やタブレット台、と割り振ります。机を前や後ろに移動しての掃除が主流だと思いますが、この机を運ぶという作業は教室内の全員で行うようにしていました。机を運ぶだけの役割に人数を割り振ってしまうとその時間以外に作業がなかったり、少ない人数でこの作業をしたりするとタイムロスが大きいからです。掃き掃除やふき掃除の担当エリアを教室内で区切る場合もありますし、そうでない場合もあります。これは、学年や子どもたちの実態を見て変更するようにしています。

（3）清掃のポイント「教える」

　小学生という実態を踏まえると、家庭で掃除をしているケースは稀で

すし、使用する掃除用具も家庭とは異なります。そもそも掃除用具の適切な使い方を知らない場合があります。また、正しい手順についても同様です。初めに掃除の仕方のガイダンスの時間を取って正しい掃除の仕方を示す必要があります。初めだけでなく、折に触れて正しい方法を示すことが有効です。

（4）清掃のポイント「ほめる」

　掃除以外の指導にも共通することですが、どうしても指導中にできていない子どもに注目してしまいます。しかし、落ち着いて周りを見渡してみると、きちんと掃除を頑張っている子どもが沢山いるはずです。まずは、頑張っている子どもをほめることが優先です。できていない子どもばかりに注目してしまうと、自分も注目されたいからとできていない行動を真似し始めるケースがあります。掃除をやっていて当たり前ではなく、毎回その頑張りを認めてほめてあげましょう。

（5）清掃のポイント「率先垂範」

　多くの教師は掃除時間に子どもたちを監督しているか、自分の仕事をしているかです。それが必要な場合はありますが、基本的に子どもたちと一緒に掃除をすることをお勧めしています。教師が一所懸命に掃除をする姿を見せれば、何を言わずともその姿で指導をしていることになります。また、一つ目のポイントの「教える」ことにも繋がります。教師の掃除の方法を子どもたちが見て学ぶことができます。さらに二つ目の「ほめる」にも繋がってきます。子どもたちの中に入って一緒に活動するからこそ、頑張っている子どもたちが目に付きやすくなるのです。掃除に取りかかるのが難しいクラスを担当した時ほど、まずは自分が掃除をしてみましょう。

8 係活動の目標と実施例

（1）当番活動と係活動の違い

　そもそも、当番の活動と係の活動の違いはどのようなものなのでしょうか。学習指導要領上の位置付けや私自身の考えも入れて整理していきたいと思います。

　当番活動は日常生活を維持するために必要な仕事であり、教師が子どもに割り当てる活動です。「7. 清掃の目標と指導について」の（1）で挙げた学習指導要領では「活動内容（2）の共通事項　エ　清掃などの当番活動等の役割と働くことの意義の理解」に関わる内容です。これまでの項で解説した「給食当番」や「掃除当番」がそれに当たります。目標は学級での生活の維持であり、責任感や働くことの意義を感じさせることが大切になってきます。

　一方、係活動は学級を豊かにするために子どもが考える活動です。同じく学習指導要領では「活動内容（1）の共通事項　イ　学級内の組織作りや仕事の分担処理」に関わる内容です。自分たちのクラスをより豊かにするために子どもたちが企画、運営していくことが望まれます。なくても困らないけれど、あったら楽しい（うれしい）活動になります。これは当番活動とは目標が異なるため、指導のアプローチも異なってくるのです。

（2）係活動の目標

　係活動の目標は未来の社会をつくっていく子どもたちにとって、とても重要なものであると考えています。これからの予測不能な社会においては「自ら問いを立ててその解決を目指し、他者と協働（※4）しながら新たな価値を生み出していくことが求められる。」（文部科学省　教育課程企画特別部会「論点整理 2030 年の社会と子供たちの未来」より）

のです。どのような活動をすれば自分たちのクラスがもっと楽しくなるのかな？と問いを立て、友だちと協力しながら、これまでにない係を生み出していく係活動は、まさにこの目標と合致します。さらに係活動を続けていくには PDCA サイクルを回していくことが欠かせません。どのような活動をしたいのか計画を立てる、実行する。そして、クラスの友だちの反応はどうだったかを振り返る。そして、また新たな計画を立てるという活動のサイクルを回していくのです。これは社会に出てからの仕事の流れと同じです。そのような意味でも私はこの係活動を学年問わず、重要な教育活動に位置付けて実施しています。

（3）係活動と学級づくり

　自分の得意を活かせる係につく場合が多いため、いつも遊ぶ友だちとは異なる仲間が集まっていく場合があります。また、仲の良い友だち同士で係を作ったとしても、その活動相手はクラスのそれ以外の友だちということになります。いずれにしても、クラス内の多様なメンバーとの交流が生まれるきっかけになります。自分たちが企画した活動でクラスの友だちに楽しんでもらえるという経験が、クラスの繋がりを深めていきます。時には活動が上手くいかず、トラブルになることもあります。しかし、それも成長の機会を捉えて見守ったり、時に介入して一緒に考えたりする中で子どもたちは成長していきます。学級経営の視点からも係活動は、有効なものなのです。

（4）係活動の例

　私のクラスにあった係の例をご紹介します。これからの活動のヒントになればと思います。

- **ダンス係**（ダンスを披露したりダンス大会を企画したりする）
- **お笑い係**（自分たちで考えたお笑いのネタを披露する）
- **読み聞かせ係**（自分たちで選んだ絵本の読み聞かせを行う）

31

- **怖い話係**（ひたすら怖い話をしてクラスを怖がらせる）
- **遊び係**（外遊びなどを企画してみんなで遊ぶ機会を提供する）
- **スポーツ係**（鉄棒や縄跳びなどの練習を手伝う）
- **漫画係**（オリジナルの漫画をつくる）

これらの他にもいろいろな係がありました。子どもたちがさまざまに考えて企画実施をする様子は、見ているだけで微笑ましいです。

9 学級会：クラス会議の運営（特別活動）

（1）特別活動の目標

特別活動の時間について考えていきます。特別活動といっても、その中にはさまざまな活動や目標があります。ここでは一番時間が多いと考えられる学級会の時間に焦点を当てて、くわしく考えていきます。

まずは、目標についてみていきましょう。学習指導要領には「学級活動を通して，望ましい人間関係を形成し，集団の一員として学級や学校におけるよりよい生活づくりに参画し，諸問題を解決しようとする自主的，実践的な態度や健全な生活態度を育てる。」（文部科学省 前掲より）とあります。自分たちの生活をよりよくしていく態度が目標なのです。クラスにとっての特別活動を、自分たちで自分たちのクラスをよりよくしていく実践的な時間にしていく必要があります。

（2）クラス会議：目標設定まで

私は学級会の時間を、クラスをよりよくするための会議として「クラス会議」と名付けています。クラス会議についてはさまざまな方法があり、書籍も出版されています。円になってアイスブレイク（簡単なレクレーションをする、お互いの良いところを伝え合うなど）をしてから本題に入るという方法が主流です。私は全員が机を真ん中に向けて話し合

うようにしています。板書（記録）は高学年であれば子どもに任せます
し、低学年であれば教師が行います。

　私が実践しているクラス会議の方法についてご紹介させていただきま
す。私の実践はシンプルで「目標の設定→振り返り→新たな目標の設定
（もしくは継続）」というサイクルで進んでいきます。まず、年度当初に「日
本一のクラス」を目指していくことを子どもたちと確認します。その大
きな目標を達成するために毎週のクラス会議で小さな目標を設定してい
くのです。「日本一のクラス」などという大きな目標は必ずこれ、と決まっ
ている訳ではありません。6年生の時は「最高の状態で卒業式を迎えよ
う」であったりします。その学年やクラスの実態に合わせて設定します。
子どもたちと話し合って決める年もあります。

　大きな目標が決まったら、次は小さな目標です。今のクラスの実態と
目標の間を埋めていくためには何が必要かを子どもたち自身に考えさせ
ます。それぞれに発表させたり、理由を交流したりしながら、目標の決
定へと進んでいきます。初めの内は教師が司会をして、話の流れを整理
していきます。意見が出揃ったらどの目標にするのかを決めます。重要
度で決めたり、多数決で決めたりするなど、目標決定の方法も初めの内
は教師が示していきます。また、話し合いのフローチャートも板書をし
て、いつでも確認できるようにします。これらの過程は慣れてきたら子
どもたちに委ねていきます。

（3）クラス会議：2回目以降の運営

　第1回目のクラス会議以外は自分たちが目標についての振り返りから
スタートします。高学年なら何パーセントくらい達成したかをタブレッ
トで送信しても良いですし、低学年ならできたかできていないか、どち
らかに挙手させると良いでしょう。私は「できた」「できていない」の
二択で挙手させる場合がほとんどです。多くの子が達成できていれば、
次の目標に移ります（はじめに達成とするラインを決めておいても良い

でしょう）。同じように大きな目標に向かっていくための小さな目標を立てていきます。できていなければ、なぜ達成できていないのかの検討を行います。目標設定のハードルが高すぎたのか、目標を意識していない行動があったのかなどです。そして、その目標は継続となります（場合によっては、目標の修正もあり得ます）。

　このサイクルを子どもたち自身が回しながらクラスをより良い状態に高めていきます。その週の目標はどこかにわかりやすい形で掲示するのがおすすめです。注意点は目標の振り返りの際に、個人攻撃にならないように気を付けることです。「自分はどうだったか」「自分なら何ができるか」と自分視点で意見を考えさせると良いでしょう。

10　発達検査

　小学校教師の仕事をしていると子どもの発達検査の結果を目にすることも少なくありません。場合によっては学校から検査を受けるための公的機関を紹介する場合もあります。子どもが受ける発達検査にはどのような種類があり、その検査を受けると何がわかるのかを私たちが知っておくことはとても大切です。そして何よりも大切なことは、その検査に対する考え方です。そもそも発達検査は何のために実施するものなのでしょうか。「通常学級の勉強についてこられないから」「なかなか席に座れないから」「友だちとトラブルばかりだから」とりあえず発達検査を…、というものではありません。発達検査はその子の現在位置を把握（さまざまな能力のバランス）して、子育てや日々の指導に活かしていくための指針を得るためのものなのです。

　そのような目的を伝えると、発達検査の話をする時にも保護者に思いが伝わりやすくなります。場合によっては「療育手帳取得」「デイサービスの利用」「特別支援学級への入級」などの理由もあり得ます。発達検査にはさまざまなものがあり、どれが適切なのかは医師や心理士が決

めることです。ここでは、よく検査結果を目にする代表的な三つの検査について簡単に紹介します。

（1） 新版 K 式発達検査

　同年齢と比較して、発達の度合いが実際の年齢とどのくらい差があるのかを調べる検査になります。「姿勢・運動」（P-M）、「認知・適応」（C-A）、「言語・社会」（L-S）の 3 領域で検査を行います。それらの検査結果から、DQ（発達指数・Developmental Quotient）が出てきます。これは、年齢に対して何パーセント発達しているかです。10 歳の子の DQ が 90 なら 10 歳の 90 パーセント発達しているということになります。また、似た指数で DA（発達年齢・Developmental Age）も記載されています。10 歳の子の DQ が 90 なら「10×0.9 ＝ 9」で 9 歳程度の発達段階にあるということです。「新版 K 式発達検査」は、その子の発達度合いを知るのに適した検査なのです。なので、療育手帳などの福祉サービスを受ける際にこの検査が用いられることが多いのです。

（2） WISC

　「ウィスク」と呼ばれるもので、正式には「ウェクスラー式知能検査」と言います。何度か改定されており、最新のものは「WISC-V」ですが、現場では「WISC-IV」もまだ多く実施されています。ここでは「WISC-V」の内容について扱います。検査によって全検査 IQ と五つの主要指標の数値が出てきます。全検査 IQ とは、いわゆる IQ（知能指数）です。平均を 100 として数値が算出されています。これが 70 以下だと知的障がいとなります（一概に IQ だけの判断ではありませんが）。70 以上でも 90 を切っていると通常学級の学習についていくことが大変になる場合が多くあります。次に主要指標です。「言語理解」「視空間」「流動性推理」「ワーキングメモリー」「処理速度」の五つの力が IQ と同じで平均 100 として算出されます。「言語理解」は言葉の知識に関するもので

す。「視空間」は、空間認知や視覚情報に関するものです。「流動性推理」は推理力に関するもので、「ワーキングメモリー」は短期的な記憶の保持に関するものです。「処理速度」は視覚情報を処理していくものです。それぞれのバランスや得意、不得意を見て、その子に合った支援方法を考えていくのです。

（3）KABC-II

　上記で紹介した「WISC」と並ぶ代表的な発達検査です。「認知尺度（認知処理力）」と「学習尺度（基礎学力）」を測定します。「WISC」との大きな違いは基礎学力の測定があることです。脳内の認知特性と学力との関係を数値で見ることができます。これらは、平均100として偏差値と同じ方法で算出されます。もう一つ大きな特徴として、「認知尺度」の中に「継次」「同時」という項目があります。これは、脳内での情報処理のタイプです。「継次」は、継次処理というタイプで、連続した刺激を一つずつ順番に処理することを得意としています。これは、音や動きを聞こえた通り、見た通りの順番で再現する力で、帰納法的です。「同時」は同時処理というタイプです。複数の刺激をまとめて全体として捉えることを得意としています。こちらは複数の視覚的な情報をもとに考える力で、演繹法的です。

　これらの発達検査についてのより詳しい検査項目や指標については書籍やセミナーなどで学ぶことができます。発達検査自体は心理士の役割です（小学校教員で資格をもち、検査もできる職員もいます）。私たちは心理士のアドバイスを受けて、そこから教室での支援方法を考えて実施することがスタートです。さらに支援方法を定期的に振り返り、次々と手を打っていくことが特別支援教育です。

参考文献

菊池省三・関原美和子『菊池先生の「ことばシャワー」の奇跡 生きる力がつく授業』講談社、2012 年

菊池省三・池亀葉子・NPO 法人グラスルーツ『「話し合い力」を育てるコミュニケーションゲーム 62』中村堂、2015 年

谷和樹『谷和樹の学級経営と仕事術』騒人社、2017 年

赤坂真二『赤坂版「クラス会議」完全マニュアル―人とつながって生きる子どもを育てる』ほんの森出版、2014 年

深見太一『対話でみんながまとまる！たいち先生のクラス会議』学陽書房、2020 年

熊上崇・星井純子・熊上藤子『子どもの心理検査・知能検査 保護者と先生のための 100% 活用ブック』合同出版、2020 年

前田智行『全体指導 × 個別支援で実現する！ユニバーサルデザインの学級づくり』明治図書出版、2021 年

文部科学省『学習指導要領「生きる力」』2020 年

第 2 章　授業づくり

1 授業を成功させるための基本的なスキル

どの授業でもその原理原則は同じです。それらを踏まえたうえで、目の前の子どもに合わせた対応が必要になってきます。

（1）教師としての「声」の使い方

これまでの項でも述べてきましたが、教師の発問や指示は音声によるものです。後ろまで聞こえるような声を出すことはもちろんですが、それに加えて、語尾まではっきりと発音することや学年に応じた言葉の選択、話すスピードを調節する必要があります。定期的に自分の授業を録音して自己フィードバックを繰り返していくことが望ましいでしょう。

（2）教師としての「目線」の使い方

教師は常に見られている存在ですが、同時に子どもたちを見つめる存在でもあります。多い場合は教室に 40 人程の子どもがいます。授業中に全体に視線を送るのは意識をしなければ難しいことです。全体に視線を送る場合は、目線を Z 型になぞることが有効です。また、子どもへの支援を表す一つの方法としても目線を使うことができます。「大丈夫かな？」という目の表情、「今、それは違うよ」という目線。言葉で伝えなくても目線で伝わる場合も多いのです。いわゆるノンバーバルなコミュニケーションも、とても大切なのです。

（3）教師としての「立ち位置」の使い方

自分は教室のどこに立って授業をしているのか、一度意識してみてください。基本的にはすぐ板書できるように黒板の前にいるか、教卓付近にいるかです。子どもたちにとって大切な情報が常にセンターポジション（教卓付近）から与えられるという安心感は大切です。逆に言えば、先生がそこに立った時は話を聞く時であると指導することもできます。

子どもたちの発表の際はどうでしょうか。発表している子どもの一番遠くに立ち、発表者の目線を遠くに送らせるということができます。また、発表者の後ろに立ち、さりげなく支援をするということもできます。さらには討論などの際は、教師の顔色を伺うのを避けるために子どもたちの視界から消える、ということもあるでしょう。場面や状況によって立ち位置を意図的に使い分けられるようにしましょう。

（4）教師としての「身体」の使い方

　授業中、常に棒立ちだけで子どもたちに対応、というのは当然望ましくありません。子どもたちに発問する際に、必要に応じてジェスチャーを取り入れるのはとても効果的です。教師が大きく動くことで子どもたちの注目を引き付けることができます。また、子どもへの指導にも同じように身体を使うことが効果的です。身体を使うといっても、直接子どもに触れるわけではありません。良くない行動をしていた際に、手で制してメッセージを与えたり、注意散漫になっている際は、そっと近づいて机に手を置いたりといったことなどです。そうすることで、直接、指導する言葉が減る分、教室も静かになり、その子への負の注目も減ります。目線と同様、言葉を使わないメッセージがとても大切なのです。

（5）資料の提示

　ここからは基本的な身体の使い方（教態）ではなく、さらにスキルアップを目指すための授業づくりに関わるベーシックなスキルを紹介します。授業を始める際、その時間の学習課題に関係する資料を提示するところからスタート、というパターンがあります。その時ですが、可能ならば実物の資料を持ち込むのが子どもの興味付けに非常に有効です。社会科なら実際に工場などで使われている部品や果物の現物などを持ち込む、図工なら完成した作品、国語なら教師が作成したリーフレットなどです。これで子どもたちがぐっと資料に集中します。また、実物でな

くてもイメージできる写真やスライド、パネルなども効果的です。また、それらの資料も単純に提示するだけでなく、提示する際の演出を考えたり、一部を隠したりすると、子どもがより積極的になります。

（6）時間設定

　授業において教師が時間をコントロールすることはとても大切です。まず、時間配分についてですが、人間の集中力は短いスパンでは１５分といわれていますので、授業も１５分を一つの単位として構成を考えるのがおすすめです。子どもが課題に取り組む際に、時間内でどれだけできたかという時間管理をするのは有効です。ただし、すべての課題をやりきらせるための時間管理だと、早い子と遅い子の差が開いてしまったり、ゆっくり解くタイプの子に過度な負担が掛かってしまったりする場合があるので注意が必要です。

　単元内での時数配分も重要です。こちらがきちんと計画しておくだけでなく、子どもたちにもそれを伝えて、単元の見通しをもたせることが大切です。単元テストがいつあるのか予告することで、テスト勉強に取り組ませることもできます。また、子どもたちが図工での作品制作の際も、どのくらいのペースで取り組めば良いのかがわかります。

2　授業での発問と指示

　どの授業でも発問や指示を中心にして子どもたちが活動していきます。この発問や指示の技術を身に付けることは授業力の向上に直結します。この項目はこの本の中でも特に大切な部分だと考えています。

（1）発問の目的：思考を促す

　そもそも発問とは何を目的として行う行為なのでしょうか。それは、子どもの思考を促すためだと考えています。人間は見たいものしか見え

ていないといわれています。教材を前にしても、それを見るための観点が提示されなければ大切なことに着目できません。また、考えている内容もバラバラです。そこに教師の発問が加わることで思考が促され、また焦点化されると考えています。

　それ故、教師の発問はその教科特性の思考を促すものでなければなりません。これが各教科の見方・考え方といわれるものです（各教科等の特質に基づいて対象を捉え、認識したり、働きかけたりする、教科等に固有の学びの有り様）。ぼんやりと見ていた教材を教科の眼鏡（見方・考え方）を通して見られるようになることが学びの第一歩です。国語を例に挙げると、発問を通して「対象と言葉・言葉と言葉との関係・言葉の意味、働き、使い方」に思考を焦点化することが目的です。

（2）発問の目的：思考のゆさぶり

　思考をゆさぶるという視点も大切です。一見すると、当たり前のように思える事柄でも「本当にそうなのか？」「いつもそうなのか？」「なぜ、そうなのか？」と追求すると物事の本質の部分が見えてきます。例えば、社会科でいえば、子どもたちにとっては「図書館は静かにするところ」という普通の感覚があります（あるいは図書館見学した時の気付きがあります）。そこで終わるのではなく「いつの時間も図書館は、静かなのか？」「なぜ、静かにする必要があるのか？」「他の公共施設はどうなっているのか？」などを発問によって引き出すのです。「図書館は静かなところ」という単一の知識から「公共施設での過ごし方」「工夫」「周りの人々の存在」など連結したより抽象性の高い知識へと発展させていきます。

（3）発問の目的：多様性を引き出す

　ある発問をした時に、全員から同じ答えが出るのは発問ではなく、確認に近いものです。そうではなくて、子どもたちの中で意見が分裂する

ような発問が望ましいのです。意見の対立や意見の比較によって、より
教材に向き合ったり、自分の考えが明確になったりします。国語を例に
挙げると、２年生に神沢利子さんの「やま」という詩が登場します（光
村図書出版 小学校国語２年下 [令和２年度改訂]）。その中で詩の舞台
や季節、わからない語彙などを確認した後に、「『くも』は、空の雲ですか？
虫の蜘蛛ですか？」と発問します。すると、子どもたちの意見は二つに
分裂します。ぼんやりと眺めていた詩が発問によって前後の言葉を分析
したり、言葉から情景をイメージしたりといった思考が働くからです。

（4） 発問の種類

　種類に分類するといっても発問自体は無限にあると思います。しかし、
その中で特に効果的だと考えているものをいくつか紹介します。
　まずは「意見のピックアップ」に関するものです。「わかったことは
何ですか？」「気がついたことはありますか？」「不思議に思ったことは
何ですか？」「これから調べてみたいことはありますか？」などです。
このような発問をして、提示した資料や教材に子どもたちを向かわせる
ことになります。ここでの意見をもとにして授業がスタートしていきま
す。次に「比較・分類」に関するものです。意見が複数出た際に、「二
つに分けるとするとどうなりますか？」「チームごとに分けてみましょ
う」などといった発問をすることで、ぼんやり聞いていた意見に対して
思考が働くことになります。
　次は「根拠」に関するものです。「なぜ、そのようになるのですか？」「何
のためなのですか？」などです。ある事象の根拠を追求することで物事
の本質へ迫っていきます。
　最後は「集約」に関するものです。「内容を一言で表すとどうなりま
すか？」「一番大切なことは何ですか？」「最初の考えと今の考えはどう
違いますか？」などです。これは授業の終盤に子どもたちの意見をまと
める際に使います。

（5）発問と指示をセットで

　そもそも「発問」と「指示」の違いは何なのでしょうか。「発問」は上記のように思考を広げたり、あるいは焦点化したりすることが目的です。そこには各教科の見方、考え方へと誘うための役割があります。「指示」はどうでしょうか。辞書には「手順、段取りを示すこと」とあります。つまり、具体的な手順や役割を示して子どもたちが行動できるようにすることが目的です。この「発問」と「指示」はセットになっています。具体的な例を挙げると「この時、主人公はどのような気持ちだったのでしょうか」という発問の後に、「ノートに書きましょう」と指示するのです。ところが、多くの先生方は発問だけで終わってしまっている場合が多いのです。「どのような気持ちですか？」と発問して、それを察することのできる子どもは手を挙げます。しかし、その発問だけではどのような行動をすれば良いのかがわからない子どもがいるリスクがあります。そこで、発問について考えたことをどのように表出すればよいのかを示すことが大切です。

（6）指示の明確化

　発問の後にくる指示もさまざまです。「ノートに書きましょう」「ペアで相談しましょう」「わかったら手を挙げましょう」「思いついた人は立ちましょう」など…その場面や学習課題、次の展開に応じて適切な指示を使い分ける必要があります。

　さらに、指示だけに限定すると、いくつかのポイントがあります。一つ目は最後の行動まで示すということです。「運動場に出ます」だけの指示だと、運動場に出た子どもたちはバラバラで好きな行動をしてしまうということが予想されます。「運動場に出ます、朝礼台の前で座っておきます」と指示をすると、子どもたちもどのような行動をすれば良いのかがわかるので混乱が少なくなります。二つ目は短い指示であること

です。「まず、ノートを出して、それから〜して…、」などという指示を出してしまうと行動できない子どもが出てきます。この原因は指示が長すぎることです。人間にはワーキングメモリー（聴覚的な短期記憶）といって、一度に情報を覚えておけるキャパシティーがあります。そしてその量は年齢や発達段階により個人差があります。ワーキングメモリーに配慮して、一つの行動につき一つの指示を出してあげることが望ましいのです。最後は視覚支援です。教師が出す多くの指示は口頭によるものです。言葉は目には見えません。人間の情報認知は視覚優位（見てわかる方が得意）・聴覚優位（聴いてわかる方が得意）に分けることができます。そして、教室には両方のタイプの子どもがいます。どちらのタイプにも配慮して、指示した内容を黒板やスライドに残しておくことが指示の徹底のためには効果的です。

3 板書

　ICTが発達してきた教育現場では、板書ではなくてタブレットPCや大型ディスプレイを用いた授業も増えてきました。しかし、まだまだ授業において板書が果たす役割は大きいと思います。板書を適切に使いこなすことは良い授業のために必要不可欠です。ここでは板書の役割や、特別支援教育的な視点について考えてみます。

（1）板書の目的

　一つには、子どもたちの活動の見通しや活動手順を示すことがあります。教師での口頭の指示は視覚的に残るわけではありません。板書しておくと、子どもたちはいつでも前を向けば手順を確認することができます。「先生、次、何をするのですか？」という子どもたちからの質問に対しても、板書を指し示すだけで答えになります。そのため、一目で活動の流れがわかるような工夫をすることが望まれます。①、②…と番号

を付けたり、課題が終わった子どもは何をするのかまで示したり、完成の図やモデルを掲示したりといった工夫です。また、課題に対する考えや解法を全体に共有するという目的もあります。さらに意見を集約したり、意見同士を繋げたり、構造化するという役目も果たします。その際には、黒板にシンキングツールを板書して活用したり、矢印で繋いだりなどといったことが大切になってきます。ただ、意見を羅列していくのではなく、戦略的に意見を配置していくと、より学びが深まっていきます。

　黒板上でよく使う思考の形式（シンキングツール）として、以下のものがあります。

- ・比較（上下や左右などで意見を比較していきます）
- ・ベン図（二つの事柄の共通点と異なる点について考えます）
- ・サークル（循環するような事柄について考えます）
- ・スケーリング（二項対立だけでなく、間の意見についても考えたい際にも）
- ・人物相関（人物同士の関係を図にします）

（2）板書を特別支援教育的な視点から考える

　人間の情報処理のタイプは継次処理（一つひとつ順番に処理）と同時処理（全体像から把握して処理）に分けることができます。そこで板書で情報提示する際に、この二つの処理タイプを意識すると、多くの子が理解しやすくなります。具体的には、ナンバリングをして作業手順を順番に示すとともに、完成モデルを提示するといった板書です（図工などの課題の際は、特に有効です）。一つずつ進めていく子は手順表を何度も確認しますし、課題のゴールから逆算して考える子もいます。この方法によって、どちらの処理タイプの子どもにとってもわかりやすい情報提示となるのです。

　また、これまでにも何度も触れていますが、口頭の指示だけでは作業

が難しい子もいますので、折に触れ教師が指示した内容を板書に残しておくというのはとても大切なことなのです。それは、授業中だけでなく、朝の準備の手順や帰る用意の手順を示す際も同じです。写真や矢印、言葉を用いて視覚的にわかりやすい指示を板書として残すように心掛けると、それぞれの作業がスムーズになります。

　そして、これらは板書だけではなく、タブレット PC 上での提示や大型ディスプレイでの提示でも有効です。現在は、GIGA スクール構想が教育現場でスタートしています。これまで板書が担ってきた役割の一部をタブレットに移行することも有効です。冒頭から書いている板書の役割を考えて、適切な手段を選択していくことが求められているのです。板書はあくまで教育の目的を達成するための手段です。それを忘れずにいたいものです。

4　国語の授業づくり

○説明文

　1年生から6年生まで、必ず各学期に一つは説明文の教材が配置されています。この説明文の指導が安定することは国語の授業の安定に繋がります。

（1）説明文の目標

　説明文の目標を学習指導要領の言葉をもとに考えると「構成を捉えて要旨を把握すること」です。つまり説明文の構成を意識しながら、適切に筆者の主張を読み取る授業展開が望まれます。また、そこで学んだことを活かして論理立てた文章を書けるようになることもねらっています。では、具体的に説明文をどう指導していけば良いのかを述べていきます。

（2）問いと答えの構造

　説明文の指導のスタートは形式段落の確認からです（ひとマス下がっているところで分ける）。この形式段落をもとにしてさまざまなことを考えていくため、全体で確認しながら教科書に番号をふっていきます。その後に問いと答えの段落を探す作業に入ります。ここで、問いと答えについて少し解説します。多くの説明文は問いの一文が明記されています。「どのような～なのでしょうか」「なぜ～でしょうか」などの文章です。この問いを解決するための例示などが書かれており、最後に問いに対する答えの一文がある場合が多いのです。このことから、私の場合は、問いの段落を探す→問いの一文を探すといった学習活動を最初に設定することがほとんどです。問いが見つかれば、それに対応する答えも同じようにして探していきます。問いと答えを把握していれば、その後のより詳しい読解もスムーズになります。また、問いの一文が明記されていない説明文や答えの一文がない説明文もあります。そういった場合は「説明文の内容に合う一文を自分たちで考えてみよう」といった活動展開にしています。

（3）三部構成

　ほとんどの説明文は「はじめ・中・おわり」（序論・本論・結論）の三部構成で書かれています。この構成を把握することが大切です。自分で説明的な文章を書く際もこの形式に沿って書くとわかりやすくなります。低学年の学習では、教師と一緒にどこまでが「はじめ」の段落なのか、どこからが「おわり」の段落なのかなどについて考えることが有効です。中・高学年になってそのような作業に慣れてくると、どのような文章構成になっているのかについて自分で仮説を立てて、議論していくような授業展開が考えられます。

（４）要約と要旨

　まず、言葉の意味について整理したいと思います。「要約」とは文章などの要点をとりまとめること、あるいはまとめたものという意味になります。「要旨」は述べられていることの主要な点、また、内容のあらましという意味です。小学校段階の指導では段落内容の要約、説明文全体の要旨といった使い分けを私はしています。

　次に段落の要約についてです。これは、先に述べた形式段落のことです。この段落の内容を簡潔な一文で表現していく活動となります。とはいっても、いきなり要約にチャレンジさせるのはかなり高いハードルとなります。はじめは教師と一緒に要約文を作る、要約文に必要なキーワードを探してから文章を考える、ペアやグループで考えるなどのステップが必要です。各段落の要約文を一覧にして並べることで文章構成や段落ごとの繋がりもわかりやすくなります。

　また、高学年では説明文全体の要旨を書く機会をどんどん確保して欲しいと思います。要約同様にスモールステップを踏みながらも文章の要旨を捉えて字数制限の中で書く、といった経験を何度もする中で、そのスキルが高まっていきます。

（５）作者の主張

　小学校で扱われている説明文教材では、最後の段落（最初の段落）に筆者の主張が明記されている場合がほとんどです。この作者の主張を正確に読み取ることも説明文単元での大切な活動となります。また、これは（４）の要約の活動ともリンクしています。作者の主張を見つけるための手立てとしては、問いの文章や説明文のテーマを把握する、強調語（〜である・〜べきだ・確かに…しかし〜）を手掛かりにする、指示語の指し示す範囲を正確に捉えるなどのスキルが必要になってきます。これも子どもには、初めは先生と一緒に文章中から探し出す手順を経験さ

せたうえで、徐々に自分たちだけで主張を見つけられるようにレベルアップさせていくことが望まれます。高学年では筆者の主張に対して自分はどう考えるのか（賛成か、反対か）を書かせても良いでしょう。

（6）　2次単元

　教材で説明文の構造を理解させることが授業の大きな目的です。しかし、与えられた教材文の読解だけではとてももったいないと思います。さらに子どもたちの力を伸ばすためには、やはり子ども自身で説明文を書くことが良いでしょう。教材文と同じテーマの本や資料を自分で見つけて（低学年や中学年の場合は、こちらが与える / いくつかを提示して選ぶなどで良いでしょう）、それをもとに説明文を書くという課題を単元のまとめとして、ぜひ取り入れて欲しいと思います。そして、その際に、上記の項目にあげた「問いと答え」や「形式段落」、「三部構成」を意識して文章を作らせてみてください。

|||||||||||||||||||||||||| **指導ステップの例** ||||||||||||||||||||||||||
5年「言葉の意味がわかること」
（光村図書出版 国語5年 銀河 [令和2年度改訂]）
　この教材は、5年生で「見立てる」という説明文とセットで配置されています。言葉の意味について掘り下げた内容で、【言葉の意味には広がりはあり、学んでいく時には、意味を「面」として理解することが大切である。さらにそのような考え方は、ふだん使っている言葉や、ものの見方を見直すことにもつながる】といったことが書かれています。
　今回、本書で提案した指導ステップは、どのような説明文でも汎用性のあるものです。この「言葉の意味がわかること」では、「問いの文章が明確に書かれていること」「問いに対応する形式で説明させる事例が挙げられていること」「はじめ・中・終わりの三部構成に分けることができること」「中の論理展開が大きく三つのまとまりに分かれているこ

と」「筆者の主張が明確であること」などの特徴があり、指導ステップに準じた指導展開を考えやすいため、例として挙げたいと思います。

□問いと答え

この教材は高学年としての発展的な構造になっています。冒頭に一つ目の問い「言葉の意味に広がりがあるとはどういうことなのでしょうか」があります。その答えが前半に書かれているので、答えを探していくことになります。また、後半は「言葉の意味の範囲」に関する内容になっています。しかし、ここには対応する問いの文章がありません。このような場合は、発展的な課題として問いの文章を考えさせる課題になります。例えば「一つの言葉は、どこまで使えるのでしょうか」という問いに対応する答えを見つけていきます（この場合、答えを先に見つけるという活動になるかもしれません）。

□三部構成

教材に出会った際に、まず段落番号を付けていきます。この説明文は①〜⑫の段落があります。その段落を「はじめ・中・おわり」の三つに分けていくのです。まず「はじめ」の範囲について討論して確定する。その後に「おわり」について同様に学習することで、「中」が必然的に決まってくるという手順がおすすめです。

□要約と要旨

ここではその①〜⑫までの段落をそれぞれ要約していきましょう。キーワードを確定してから要約文を書かせるのが良いでしょう。また、学習の最後には文章全体のキーワード（この教材では⑫段落に集中しています。例：「面」「点」「広がり」「はんい」など）を見つけて、それを使って要旨を書かせる活動を設定します。

□作者の主張

本文から作者の主張を見つけていきます。ほとんどの説明文は最終

段落（終わり）に書かれています。「言葉の意味がわかること」でも最終段落に書かれているので、教科書に線を引かせたり、ノートに書かせたりして確認しましょう。

□**二次単元**

ここでは、教科書通りに作者の考えに触れながら、自分の意見を発表する活動で良いでしょう。

○物語文

（1）物語文の目標

　学習指導要領にある「文学的な文章の構造と内容の把握」では「登場人物の相互関係や心情などについて，描写を基に捉えること。」という目標が設定されています。精査・解釈は「人物像や物語などの全体像を具体的に想像したり，表現の効果を考えたりすること。」です。また、考えの形成では「文章を読んで理解したことに基づいて，自分の考えをまとめること。」となっています（いずれも高学年）。つまり、物語文では本文を根拠として、人物や表現について考え、その考えを表現（交流）することを目標としています。本文をもとに作品解釈を進めるにあたって、子どもたちに解釈方法を丸投げしていては深い学びを実現することはできません。物語文の作品も学年が上がるにつれてテーマが抽象的なものになり、解釈が難しくなっていきます（その最たるものが宮沢賢治の「やまなし」です）。そこで、物語文を解釈するための視点を教師が与えて、それをもとに子どもたちに考えさせるのです。学年が上がるにつれて解釈の視点を子どもたちが使いこなし、自分たちで読みを深めていけることが望ましいと考えています。

（2）登場人物

　視点の一つ目が登場人物です。学習指導要領にも登場人物という言葉が繰り返し出てくるように、物語文の解釈の中心といっても間違いはないはずです。まず、登場人物とはそもそもどのような定義なのでしょうか。特に低学年の子どもたちには、誰が登場人物なのか理解しきれていない子もたくさんいます。物語文では動物や植物、時にはモノでさえも登場人物になり得るため、混乱を招くのです。

　私は登場人物とは「人間と同じように考えたり、動いたり、話したりする生き物やモノ」と子どもたちに教えています。さて、この登場人物を主役・対役という視点でみていきます。まずは主役についてです。主役とは「作品の中で一番大きく心情が変化した人物」「作品の中心的な人物」と私は定義しています。主役は誰なのかを考えることは、人物の心情理解に繋がります。また、作品によっては子どもたちの意見がわかれることがあります。それぞれの立場から意見を発表することで理解を深めていく授業になります。

　もう一つ、対役という視点があります。対役とは「主役の心情変化に最も大きな影響を与えた人物」です。主役と同様に対役は誰なのかを考えさせると良いでしょう。さらに、主役の心情に変化を与えたのは、どのような事柄がきっかけだったのか、どうやって変化を与えたのか、どのように主役は変化したのか、などを考えていくとより解釈が深まっていきます。

（3）場面

　説明文ではひとマス下がっているところで分ける形式段落という文章の分け方でした。しかし、物語文では内容で作品をいくつかの場面に分けていきます。場面分けすることで作品全体の構造（起承転結／額縁構造など）が見えやすくなったり、これから紹介する読解の視点を考える

際の手掛かりにもなったりします。

　では、どのようにして場面を分けていけば良いのでしょうか。場面分けする際のポイントが三つあります。一つ目は「時」です。時間の経過が移り変わるところを場面が変わるポイントにするという分け方です。一日の中での変化が描かれている場合では「朝、昼、夕方」などの言葉に着目させますし、季節ごとの変化や「しばらくして」などの言葉で表現されている場合もあります。二つ目は「場所」です。場所が変わるポイントを場面の切り替えの手掛かりとします。「劇場などで、舞台が一回暗くなって展開するところ」というイメージで子どもたちに伝える時もあります。三つ目は登場人物についてです。新たな登場人物が現れたり、その逆にいなくなったりと人物の入退場を手掛かりとします。これら三つの条件をもとに物語の場面を分けていきます。子どもたちに場面分けを挑戦する機会を提供しても良いでしょうし、文章が長い場合は、教師が伝えても良いと思います。物語文が登場したら、必ず子どもたち自身がすぐに場面分けするのではなく、１年間に１回くらいは場面の切り替えポイントについて自分たちで考えてみるというイメージです。

（4）クライマックス

　物語のクライマックスは、ほぼ必ずといっていいほど読解させる視点として扱います。クライマックスとは、言葉のイメージ通り「作品全体で一番大きな変化がある箇所」のことです。いわゆる作品の山場です。大きな変化と定義しましたが、多くの場合は中心人物の心情が一番大きく変化した場面になります（作品のモチーフが変化した箇所という考え方もあります）。クライマックスに目を向けさせることで主役や対役の関係性や心情についての理解が進みますし、何より主題を考える際の大きなヒントとなります。

（5）モチーフ

　　モチーフの定義は「物語を構成する要素、シンボル化されるようなものを指す概念」となりますが、難しいのでもう少しかみ砕いてみます。モチーフとは作品の中で、何度も登場する共通の要素や似たような出来事と考えてみると良いでしょう。例えば「一つの花」という作品では「一つだけ」という概念や出来事が何度も繰り返し登場します。これがモチーフと考えてみてください。この「一つだけ」にはどのような意味が込められているのかを考えることが作品読解の視点となります。また、この「一つだけ」というモチーフが大きく変化する箇所があります。

（6）対比

　　対比は国語科に限らず、あらゆることを思考する際の考え方のフレームになります。もちろん物語文の読解においても非常に有効な視点です。対比とは何かと何かを比べることです。では、何と何を比べるのでしょうか。大きく分けると二つの対比があります。

　　一つ目は登場人物の対比です。特に私は主役と対役の対比をよく授業で扱います。作品を例に挙げると例えば「スイミー」では、「スイミー」と「マグロ」を比べることです。また、「ごんぎつね」ならば、「ごんと兵十」を比べます。登場人物を比べることで、反対の要素や共通の要素が浮き上がってきます。これが主題を考える際の大きなヒントとなります。例えば先に例に挙げた「ごんと兵十」なら、共通の要素は「一人ぼっち」、反対の要素は「動物と人間」となります。ここから「孤独」「交わりたいけど、交われない」といった主題に関係するキーワードが見えてきます。

　　二つ目は構造の対比です。上記した場面の対比と考えても良いでしょう。「一つの花」なら戦時中と戦後の場面の対比であり、「やまなし」なら５月と１２月の対比といった感じです。そこから「一つの花」であれば「平和でない⇔平和」、「やまなし」では「生⇔死」などの主題を考え

るキーワードが出てきます。

（7）主題

　主題と一言で言っても、実はさまざまな立場があります。物語の作者が伝えようとしたメッセージ（作家論）や、作品に描かれている事柄から導き出される本質的なもの（作品論）などがあります。私は「書かれたものによって読者が創造する主張」（テクスト論）という立場で考えています。作品から唯一無二の主題が導けると考えてしまうと、どうしてもその主題に誘導するためのレールの上を歩かせる授業になってしまうからです。そうではなく、子どもたちが作品や友だち、教師と対話しながら自分にとっての主題を見つけていく営みが、これまで繰り返し述べてきた作品読解だと考えています。この主題を考える手掛かりとして、ここまで述べてきた視点があると考えても良いでしょう。従って、主題を考える授業は単元の終盤に位置付けています。これまでの読解視点が考えた意見をまとめながら、自分にとっての主題を考えていきます。特にクライマックスや対比を大きな手掛かりとします。先ほどの「ごんぎつね」なら、「孤独から離れてつながりたいけど、つながれない切なさ」などと考えても良いでしょう。

|||||||||||||||||||||| **指導ステップの例** ||||||||||||||||||||||
４年生「一つの花」
（光村図書出版 国語 四年上 かがやき ［令和２年度改訂］）

　□登場人物
「一つの花」では「ゆみ子」「お母さん」「お父さん」という３人の登場人物がいることを確認しましょう。そして、その中で主役は誰なのかについて考える課題を設定しましょう。この物語では「ゆみ子」になるはずです。対役はこの物語では明確ではないので省いて

も良いかもしれません。もし、対役を考える課題を設定するなら「お母さんとお父さんではゆみ子に与えた影響が大きいのはどちらでしょう?」と発問して考えさせましょう。子どもたちが影響が大きいと考えた人物が対役となります。

□場面
「一つの花」は四つの場面に分けるのが良いでしょう。時間の経過や場所の変化（ゆみ子の家→駅→ゆみ子の家）、時代の変化（戦時中→戦後）に着目させると、子どもたちでも場面を分けることができるはずです。

□クライマックス
クライマックスは少し難しく、子どもたちの意見がわかれるかもしれません。お父さんとの別れの場面(ゆみ子の心情が大きく変化)と、戦後に夕飯を選ぶことができる場面（一つだけというモチーフが変化）がクライマックスとして考えられます。それぞれ、何がどのように変化したのかを言葉で表現させるようにしましょう。

□対比
「一つの花」では対比についても学習することができます。戦中と戦前の対比です。戦中の様子と戦後の様子を比べさせてみてください。戦中はなんでも「一つだけ」だったのに対して、戦後は「お肉とお魚」を選ぶことのできる生活になっています。また戦後の中でも対比構造を扱うこともできます。戦後、ゆみ子が暮らしているのはコスモスに囲まれた「小さなとんとんぶきの家」なのです。コスモスに着目すると幸せそうです。しかし、暮らしているのは「小さなとんとんぶきの家」なのです。戦争が終わってもすべてが今の子どもたちのような暮らしになっているのではないのです。そのようなことを対比によって考えさせていきましょう。

□主題
これまでの学習内容を活かして主題を考えさせます。「一つの花」

では当然、お父さんがゆみ子に渡した一つの花に込めた思いについて考えることになります。「沢山の花を渡すのではなく、一つの花を大切にして欲しい」、それは「一つだけの命を大切にして、生きていって欲しい」という願いだと読み取ることができます。主題もこの思いと同じで、【一つだけの命を大切にする】といったことがわかれば、4年生として上できだと思います。

○詩

　次は、詩の指導法についてです。多くの国語の教科書には各学期のスタートの時期にその季節に応じた詩の教材が掲載されています。つまり、学級開きや各学期の授業開きが詩の教材になることがほとんどなのです。また、1～2時間程度で指導できる教材がほとんどのため、飛び込みの授業や学習参観などでも詩の授業が多く見られます。

（1）詩の目標

　学習指導要領では「（ア）　易しい文語調の短歌や俳句について，情景を思い浮かべたり，リズムを感じ取りながら音読や暗唱をしたりすること。」「（カ）　語感，言葉の使い方に対する感覚などについて関心をもつこと。」が目標の一部として掲載されています。つまり、詩を読んで情景をイメージする、リズムを感じて音読や暗唱をする、言葉についての感覚を育てることが活動の目的となります。それらを育成するための四つの指導法について説明していきたいと思います。

（2）「隠す」というテクニック

　詩の題名や詩の一部分を隠して子どもたちに予想させるという展開になります。教科書に掲載されている詩は音読を楽しめるようにリズム良く読める形式が多いです（57形式）。そのことを利用して詩の一部を

隠して、「ここに入る言葉は何文字でしょう?」と発問します。このことで子どもたちは文字数や詩のリズムを意識して考えます。また、当然一つの詩なので何かのテーマに沿って書かれています。なので、前後の言葉を手掛かりにどんな言葉が入るのかも予想させます。このことが言語感覚を育成する良い機会となります。

　隠した状態で音読をさせる、自分で予想した言葉を入れて音読させる、実際の言葉を入れて音読させるなどは、効果的な活動です。

(3) 五感をいかしての読み取り

　詩には、五感を感じさせる言葉が沢山含まれています。五感とは「視覚・聴覚・嗅覚・味覚・触覚」です。具体的な発問としては「この詩から見えるものは、何ですか?」「どの言葉からそう思いましたか?」などです。他の感覚についても同様の発問が考えられます。感覚からイメージを膨らませることで詩に対する想像が豊かになっていきます。これも上記と同じ言語感覚を育成することに繋がります。

　はじめ、読んだ時はあまりイメージが湧かなかった詩が、授業の最後に五感を通したイメージ豊かな詩になっていれば、授業の目的達成と言えるでしょう。

(4) 詩の創作

　これは、前記三つの指導をしたうえで子ども自身で詩の続きを考えるといった活動です。自分で一から詩を考える活動も必要ですが、先人が創作した作品を活かして考えるといった活動も言語感覚が磨かれることに繋がります。(2) の「隠す」の指導をした後であれば、子どもたちは規則性のあるリズムや言葉について考えるはずです。その規則性を意識して詩の続きを考えていきます。また、五感を感じさせるとすれば、どのような創作になるでしょうか。五感で感じるものをさらに付け足していったり、元の詩に五感がそろっていないなら、その感覚を感じる言

葉を付け足したりするなどです。

（5）詩の暗唱

　暗唱は中学年からの学習指導要領にも登場しています。名文といわれる文章を覚えることで美しい言葉やその用法、響きが自分の中に入ってきます。私は１年生から６年生まで、国語の時間のスタートは詩の音読と暗唱の活動から入っています。学年や実態にもよりますが、年間20ほどの詩を暗唱させるようにしています（教科書や市販の詩集からピックアップした詩です）。子どもたちに暗唱させる時のおすすめなのが「一行ずつ消していく」という活動です。黒板に暗唱させたい詩を教師が板書しておきます。子どもたちに何度も音読させ、覚えられたと思ったら詩を一行ずつ消していきます。最後には何も書かれていない黒板を見ながら、子どもたちに詩を音読（暗唱）させるという活動です。

‖‖‖‖‖‖‖‖‖‖‖‖‖‖‖‖‖ 指導ステップの例 ‖‖‖‖‖‖‖‖‖‖‖‖‖‖‖‖‖

「とる」川崎洋　「春の歌」草野心平　「あいうえお・ん」鶴見正夫

□隠す
→同じリズムの繰り返しで、子どもたちが予想しやすい詩
→意外性のある言葉が入っている詩

　「とる」川崎洋
はっけよい　すもうとる　　こんにちは　ぼうしとる
てんどんの　でまえとる　　セーターの　ごみをとる
　　　―中略―
たんじょうび　としをとる　　かんごふさん　みゃくをとる
＊令和２年度版『国語４上　かがやき』光村図書出版より

下線部分の言葉を隠して、一行ずつ子どもたちに提示していきます。子どもたちや、規則性を見つけたり、規則性をもとに言葉を予想していたりしたら褒めてあげましょう。最後は意外性のある言葉が入っているので、参観日などでも盛り上がります。

□**五感**

→詩の中に、さまざまな感覚を表現する言葉が入っている詩

「春の歌」草野心平

ほっ　まぶしいな。　　ほっ　うれしいな。

みずは、つるつる　　　かぜは　そよそよ

―中略―

ケルルンクック。ケルルンクック。

＊令和２年度版『国語４上 かがやき』光村図書出版より

この詩を音読させた後に「視覚で表現されている文はどれですか？」（「ほっ　まぶしいな」）や、「触覚で表現されている文はどれですか？」（「みずは、つるつる」）というように「視覚・聴覚・嗅覚・味覚・触覚」について検討させていきましょう。子どもたちの実態に合わせて「見えているものは何ですか？」「どんな匂いがしますか？」と尋ねても良いでしょう。この詩についてはさまざまな解釈がありますが、味覚を表現する言葉だけを子どもたちは見つけることができないはずです。詩の中に「大きなくもがうごいている」という文があります。これを味覚と解釈（「くも」は蛙の餌であるので）して、「くも」は「雲」ではなく、「蜘蛛」であることに子どもたちが気付くという展開もあり得ます（椿原正和先生の実践より）。

＊熊本県内の公立小学校教諭として数々の国語の実践を行ってきた椿原正和先生（現、教授法創造研究所代表）の実践の一つです。

□創作

→同じリズムが繰り返されている詩

→言葉に規則性がある詩

　「あいうえお・ん」鶴見　正夫

あのこと　あのこが　あいうえお

おでこと　おでこが　こっつんこ

―中略―

ならんで　すわれば　なにぬねの

のはらで　だれかも　わらってる

＊昭和61年度版『国語1上』光村図書出版より

この詩は冒頭の言葉が「あいうえお」の最初と最後の文字になっています。（「あ」と「お」、次が「か」と「こ」…というように）また、言葉数もそろっていて、リズム良く読むことができます。これらの規則性を子どもたちに発見させましょう。そのうえで、この詩の続きを創作させてみましょう。最後の連（「ならんで　すわれば…」と「のはらでだれかも…」）が「な」と「の」なので、「は」と「ほ」から始まる言葉になります。少し難しいですが、文字数もそろえると元の詩をアレンジした自分なりの「あいうえお・ん」の詩が完成します。

○漢字

　ここで、なぜ漢字学習を取り上げるのか疑問に思われた方もいると思います。今の時代、漢字が書けなくてもスマホの変換があるし、ICTの時代でしょ、という声も聞こえてきそうです。では、なぜ漢字を学習するのでしょうか。さまざまな理由があるとは思いますが、私の考えでは

漢字は言葉のルーツだからということです。人間は言語で思考する生き物です。その言語としてのルーツが漢字にあります。言葉が豊かになることは心が豊かになることです。また、直接、書いて伝えることの文化も日本には根強く残っています。これらを考えると、漢字学習は今後も継続されていくというのが私の意見です。

（１）漢字の目標

　漢字学習の目標として、小学校学習指導要領の「国語知識及び技能の漢字」の項には「当該学年までに配当されている漢字を読むこと。また，当該学年の前の学年までに配当されている漢字を書き，文や文章の中で使うとともに当該学年に配当されている漢字を漸次書き，文や文章の中で使うこと。」とあります。つまり、読めて、書けてを文章の中で使用する力の育成を図らなければなりません。

（２）漢字指導：指書き

　指書きは鉛筆を持つ前に指の腹で漢字を何回も書きます。画数を声に出すとなお効果的です。指先は第二の脳といわれるほど脳との繋がりが深いといわれています。新出漢字の指導の際は、読み方や部首、画数などを確認した後、まずはこの指書きからスタートさせます。柔らかいドリルなどの上に指書きするよりも、机の上で指書きする方が刺激が入りやすくおすすめです。

（３）漢字指導：なぞり書き

　二つ目のステップがなぞり書きです。これは、文字通り手本の文字を丁寧になぞる作業です。線からはみ出さないようになぞることを子どもたちに伝えます。また、すべてが終わってからチェックするのではなく、定期的に途中でチェックしたり、机間巡視をしたりなどして丁寧に取り組めているか確認する必要があります。なぞり書きが終わったら、写し

書きに入っていきます。

（4）漢字指導：自分テスト

　三つ目が自分テストです。このステップが漢字指導の最終となります。なぞり書きをさせて終わりというケースがよくありますが、ぜひこの自分テストを取り入れて欲しいと思います。どのような指導かというと、これまでなぞってきた漢字や手本の漢字を隠して、何も見ないでも書けるかどうかをチェックします。筆箱などで漢字を隠して、書き終わったら手本を見て確かめます。これで正しく書けていれば良いですし、間違えていれば再度覚え直します。自分の記憶をアウトプットすることは、記憶の定着にとても有効です。

　それ以外にも先生に向かって指で漢字を書く空書きなどがあります。全体で画数や字形を確かめる際に有効です。漢字学習が早く終わった子の時間調整にも使うことができます。また、先生に向かって書くだけでなく、ペアやグループで確かめ合いをしても良いでしょう。

　さらに新出漢字の際の自分テストだけでなく、定期的にミニテストをしてアウトプットの機会をもたせることはとても大切です。私は毎週木曜日にミニテスト（10問ほど）をして、金曜日に再テスト（間違えた漢字だけもう一度テスト）のサイクルを年間通じて続けています。

（5）漢字指導における視覚支援

　漢字学習ではどうしても紙に繰り返し漢字を書いて覚えるという練習方法のイメージがあります。実際にそのような練習方法が定着のために効果的な子どももたくさんいます。しかし、その一方でそのような練習方法だけだと定着が難しい子どもがいるのも事実です。ノートに何回も書かせるという方法以外も子どもの状況に合わせて柔軟に提案できるようになりたいものです。その一つが視覚支援です。漢字を視覚的に捉えて定着を図るという方法です。具体例の一つに「漢字イラストカード」

● 書字障がい（ディスグラフィア）について ●

学校の現場では「いつも鋭いことを発表しているのにノートに考えを書くことは全然しない」「こちらが書くことの例を示してもなかなか取り掛かれない」といった子どものケースに出会うことがあります。このような原因の一つとして考えられるのが「書字障がい（ディスグラフィア）」です。文字の想起に困難があり、音やイメージから文字が浮かびにくいというのが特徴です。「いぬ」という音を聴いても「い」「ぬ」という文字を想起して書くことが難しいのです。また、同じような症状でも手先の運動に課題がある（発達性協調障がい）ケースもあるので、専門的なアセスメントが必要です。少しずつ専門のトレーニングをしていくことや、そもそも書く量を減らしてあげる、板書の写真を撮ってノートに貼る、音声入力を利用するなどの支援があります。書くという作業を強制してしまうと、そこに大きなエネルギーが使われてしまい、本来考えるべき課題にまで思考が至らない場合があるためです。書くエネルギーを減らしてあげて思考にエネルギーを使うという考え方です。

があります。漢字とイラストがセットになっており、意味が視覚的に頭に入ってきます。私は授業の冒頭にフラッシュカード形式でこのカードを利用しています。また、漢字をパーツごとに覚えるという方法もあります。漢字の「へん」と「つくり」を合わせるカードも市販されていますし、プリントもあります。また、視覚支援ではないですが、呪文のようにして漢字を覚えるという方法もあります。さまざまな方法を教師が知っておき、合理的配慮として提供できるようにすることが大切です。

5 　算数の授業づくり

○基礎基本の指導

　算数は国語に続いて授業時数が多い科目です。国語と同様、授業の安定は子どもたちの安定に繋がります。また、とても系統性が強い教科であり、ひとたび学習に遅れが出てしまうと取り返すことが難しいという特徴があります。従って、基礎基本を確実に習得させていくことが大きな目標となります。

（1）算数の目標

　学習指導要領の一部から目標を抜粋していきます。

　「数量や図形などについての基礎的・基本的な概念や性質などを理解する」ことと、「数理的に捉え見通しをもち筋道を立てて考察する力」「統合的・発展的に考察する力」「数学的な表現を用いて事象を簡潔・明瞭・的確に表したり目的に応じて柔軟に表したりする力」のそれぞれの力を養うことが目標となります。

　私なりに簡単にまとめると、基礎基本の定着と数学的な見方・考え方

の育成ということになります。これを普段の授業に当てはめると基礎基本と活用と考えることもできます。その二つの視点からの指導法について解説していきます。

（２）基礎基本を定着させる指導

　算数の教科書の問題を分類すると、例題・類題・練習問題の三つに分けることができます。基礎基本の指導はこれら三つのステップごとに指導していく方法になります。例題はその時間のメインとなる問題です。教科書には考え方や式、図などが書かれています。その問題について解法を考えたり、教科書の例示をヒントにしたりして解き方を理解するステップになります。ここで、教科書などを使用して丁寧に解法を確認する必要があります。

　次は類題についてです。類題は例題とほぼ同じ形式の問題が出題されます。この問題に自分の力で取り組み、例題で考えた解法でできるのかを試します。このステップで教師がノートなどをチェックすることが望まれます。教科書によってはこの類題が設定されていないケースもあります。その場合は教師が例題の数値などを変えて出題してあげると良いと思います。最後のステップが練習問題です。例題と類題で理解した解法を習熟していきます。教科書に掲載されている問題での練習が基本です。先生が答え合わせをしても良いですし、状況に合わせて子どもが自分で答え合わせという形もあり得ます。

|||||||||||||||||||||| **指導ステップの例** ||||||||||||||||||||||
４年生「わり算のひっ算」（日本文教出版 令和２年度版『算数４年上』）
４年生算数「わり算」で、最初に２桁÷１桁ひっ算が登場するところです。

□**例題**
教科書には２桁÷１桁のわり算のひっ算の手順が書かれています

（72÷3など）。その教科書のページを子どもたちと一緒に読みながら、一つひとつ手順を確認しています（立てる、掛ける、引く、下ろすの繰り返し）。そして、その手順通りに実際に問題を教師と一緒に解いていきましょう（「まずは、立てるです。72÷3の答えはいくつですか？」といった具合です）。

□**類題**

教科書に例題があればその問題に取り組ませましょう。なければ、例題と同じパターンの問題をこちらが提示しましょう。1問など少量の問題であることが望ましいです（96÷4など）。先ほどのステップが記載されたページや手順が書かれてある黒板などを見ながら取り組ませましょう。できた子から教師がチェックして確認します。最後にもう一度、全体で手順を確認しながら子どもと一緒に解いていきます。

□**練習問題**

教科書に記載されている練習問題に取り組ませましょう。私がよく採用していた方法を紹介します。あらかじめ、黒板に練習問題を書くスペースを書いておきます。そして問題が解けた子から、一人一問ずつ黒板にひっ算を書きに来ます（さらに時間がある場合は友だちにアドバイスをしてもらうこともあります）。このようにすることで、問題を解くのが早い子は黒板に書くことで時間調整になり、解くのがゆっくりな子や、難しいと感じる子は黒板を見ながら解いたり、アドバイスをもらえたりすることができます。

○活用の指導

　基礎基本は教師の指示のもと確実に指導内容を定着させたい時に有効な指導でした。しかし、今までの知識を足掛かりにして自分たちで問題を解決する形式の授業も必要です。これからの社会は簡単に正確がわか

らない（あるいはない）問題に対して、協同しながら解決策を探っていくスキルが求められているからです。これを活用型として指導法を解説していきます。指導のステップを問題把握、解決への見通し、自力解決、集団解決、まとめ、振り返りという六つに分けます。それらについて簡単に述べていきます。

（1）問題の把握

　自分たちで問題を解いていくためには問題の正確な理解が欠かせません。問題の設定はどのような場面なのか？わかっている数値は何か？などを確認していきます（見通しと重なる部分もあります）。確実に把握するために全員で音読させる、再度個別に音読させる、場面のさし絵を見るなどの指導方法が考えられます。

（2）見通し

　いきなり「自分で解法を考えましょう」では、きびしい場合が多いですし、もし全員が解法をスッと考えられ、正解することができたら、もはやその内容は授業する必要がないかもしれません。ですから、解決の前の見通しを考えて共有することはとても大切になります。では、どのような見通しを立てればよいのでしょうか。

　大きく分けると解法の見通しと答えの見通しの二つがあります。解法の見通しとはどのようにして問題を解いていくかということです。今までの知識で使えるものはないか、どのような式になるのか、問題を解くのに適した図は何かなどです。答えの見通しは答えがどのくらいの数値になるのか、どの単位になるのかなどです。特に答えの数値に注意するのはとても大切です。明らかにおかしい答え（家までの距離が1000kmなど）が計算で出てきた際に気がつけるかどうかという量感の力を育てることにも繋がるからです。

（3）自力解決

　見通しを立てた後は自分で問題を解決する自力解決です。ここで、これまでの知識を利用して本時のメインの問題に挑みます。見通しの段階での交流が大きなヒントとなります。じっくり考える時間を確保することはもちろんですが、自分で考えることが難しい子どもへの手立ても必要となります。その際に、準備なしでできる支援方法が以下の二つです。

　一つ目は机間巡視からの個別支援です。自力解決中の子どもたちの様子を観察して、困っている子どもに寄り添います。一言ヒントを与えるだけで進む子もいるでしょうし、赤鉛筆で最初の解決ステップを書いてあげなければいけない場合もあるでしょう。

　二つ目が教科書の利用です。教科書にはいくつかの解法パターンが図とともに掲載されているケースがほとんどです。この一部を隠して提示したり、場合によっては全部を写させたりします。ノートに何も書かれていない場合、次のステップに進むことが難しくなるからです。

（4）集団解決

　個人がノートなどに解決方法を書いた後は、その解法の交流になります。交流の単位はペアやグループ、クラス全体などさまざまです。自分の解法を相手に説明することで、より理解が深まります。いくつかの解法が出てきた場合は、みんなで検討していくことになります。検討の視点としてはどの解法が正確で早いのか、さらに汎用性があるのか（いつでも使えるのか）になります。この検討の過程でさらに子どもたちの理解が深まっていきます。グループごとに発表する際は役割分担させて、全員に発表の機会をもたせると良いでしょう。自分の考え以外の解法を発表があれば、その解法を理解することで、より深く考えることに繋がるからです。また、クラス全員が参加する機会をもたせるという意味もあります。

（5）まとめ

　ここは問題解決の過程の最後です。さきほど検討した解法を一般化すると、数値が変化しても適応される公式などの形で表現することが多くなります。解法の検討の中で出てきた子どもたちの言葉を盛り込んでも良いでしょう。ただし、教えなければならない算数語彙もあります。それは、まとめの中に必ず入れて習得させていきます。まとめを一回聞いたり、書いたりしただけでは習得することが難しい子どももたくさんいます。まとめの文章を暗唱させたり、授業の最初にフラッシュカード形式で復習したりすると良いでしょう。

（6）振り返り

　活用型の学習の最後です。まとめだけでなく、本時の学びをもう一度自分で振り返ることが大切です。そして、わかったことやわからなかったことを整理して言語化することで、より学びが定着したり、新たな学びに繋がったりします。新たな内容を習得した際は、短くても良いのでぜひこの振り返りの時間を確保して欲しいと思います。子どもたちの状況に合わせて振り返りの型を提示するのも良いでしょう。「今日は、〜について勉強しました、〜を聞いて（考えて）〜がわかりました、〜についてもっと知りたいです」などです。

||||||||||||||||||||| **指導ステップの例** |||||||||||||||||||||
５年生算数「速さ」（日本文教出版 令和２年度版『算数５年下』）

□**問題の把握**
【３人は、ソーラーカーを走らせました。ななみさんは、48ｍを２分、えいたさんは、48ｍを３分、ひろとさんは、60ｍを３分。一番、速いのは誰でしょうか。】という問題だとします。この問題をしっ

かりと音読させましょう。そして、問題で問われていることは何かを確実に把握させます。この場合、誰が一番速いのか？が問われている内容です。つまり、答えは○○さん（ななみさん）となります。そして、道のりと時間の情報がわかっています。これらを表にするなどして整理しても良いでしょう。

□見通し

この問題の場合、さまざまな解法の見通しが考えられます。「3人一気に比べるのではなく、道のりが同じ人同士を比べる→時間が同じ人同士を比べる」「1分あたり、どれだけ走ったかを計算して比べる」「1mあたりに掛かった時間を計算して比べる」などの意見が出てくるでしょう。ここで、答えの見通しは、「○○さん」（ななみさん）となります。この場合は、答えに数値が入ることはありません。

□自力解決

自分が選択した見通しに沿って、ノートに自分の考えを書いていきます。最後まで計算ができなくても考えのステップを書くことが大切です。どうしても何も浮かばない場合は、教科書を参考にしたり、写したりしても良いでしょう。

□集団解決

自力解決で書けた意見を交流していきます。グループになって、それぞれ解法を説明し合いましょう。さまざまなパターンがありますが、今回は説明し合った後にタブレットで解法を送信し合いました。その後、同じ解法ごとに仲間分けをすると良いでしょう。どの解法でも正しく計算ができていれば答えは同じになります。この問題の場合、「ななみさん」が答えになります。

□まとめ

これまでに考えてきたことを他の問題にも応用できるようにしてい

きましょう。この問題であれば「数値が変わっても一番確実に計算できる方法はどれでしょう？」と問いかけてみても良いかもしれません。すると「1分あたりに走った道のりで比べる」方法が汎用性が高いことに気がつくでしょう。

□振り返り

最後は、この時間の学びについて振り返ります。例としては「今日は速さを比べる学習をしました。同じ数値同士を比べると、速さの違いがわかりました。友だちの考えを聞いて1分あたりの道のりを計算すると、いつでも速さが比べられることがわかりました」などがこの場合の振り返りとなります。

○成功のためのポイント

　ここでは算数の授業づくりに限定して、授業が成功するコツについて、大きく四つの内容について解説します。授業づくりのコツはこれだけではありませんが、この四つを意識するだけで確実に授業がレベルアップします。

（1）授業構成

　算数の授業は基本的に教科書通り進めていけば大丈夫です。教科の特性上、課題が系統立てて提示されています。その課題を基本編で解説したステップで進めていけば良いと思います。しかし、子どもの状況に合わせて多少の変更は必要です。教科書ではわかっている前提で進められているところも、子どもにとっては論理の飛躍や既習事項の未定着からわからないと感じる箇所もあります。そのハードルを教師が埋めてあげる必要があります。論理が飛躍しており事前の教材研究で子どものつまずきが予想される場合は、1問ステップになるような問題を提示したり、問題の理解を助ける図などを提示したりする必要があります。また、

既習事項が未定着の場合などは、意図的に本時の課題に入る前に復習の機会を設定するべきです。教科書は、あくまでも平均的な子どもを対象として内容が構成されています。目の前の子どもたちの実態に合わせてハードルを下げることも必要です。

（2）教材

　授業や宿題などで教科書以外の課題を出すケースがほとんどだと思います。この時に使用する教材について改めて考えてみて欲しいと思います。よく見るのが、B4サイズの紙にぎっしりと問題が印刷されており、計算をするスペースが小さい、といったプリントです。もちろん、このようなプリントでスキルがアップしていける子どもたちもいるでしょう。しかし、一定数の子どもたちが困ってしまうことは容易に想像できます。改めて、目の前の子どもたちがその課題で大丈夫なのかについて考えてみてください。特に宿題の場合は近くに教師がいてアドバイスをすることができません。一人で無理なく取り組めることが大切です。

　では、どのような点に注意して教材を選べば良いのでしょうか。まずは、問題の指示がわかりやすいかどうかです。プリント形式の課題は一人で取り組めることが前提です。教師の解説がないと取り組めない課題は避けたほうが良いでしょう。また、無理なく取り組める問題数になるようにも配慮した方が良いでしょう。あまり多すぎると、取り掛かることすらやめてしまう子がいます。さらに計算問題の場合は、きちんと計算スペースが確保されているかどうかや、できればその計算スペースにマス目があるかどうかを確認してください。子どもたちは日ごろ算数ノートでひっ算を行っていますが、いきなり教師がそばにいない状況での課題において、普段よりレベルが違う書き方を求めるのは考えものです。

（3）視覚支援

　発達障がいの子どもや同時処理タイプの子どもには特に視覚支援が有効です。教室はどうしても文字や数字の書き言葉、そして教師や友だちの話し言葉であふれています。教師が意識しないと視覚情報での提示の割合は少なくなります。どの教科でもいえることですが、その傾向は算数にも当てはまります。特に前記の活用型の授業だと教科書を閉じた状態で問題提示がなされることが少なくありません。しかし、文章だけの提示だと問題をイメージすることへのハードルがぐっと上がってしまう子がいます。そのような場合には、教科書に掲載されているさし絵や写真も一緒に提示して欲しいと思います。

　また、板書も情報量を絞ったものにしてポイントをわかりやすく提示してください。式や言葉だけでなく、図や数直線などを用いて視覚的にもわかりやすい手立てをする必要があります。

（4）反復練習

　最後は反復練習です。算数の授業ではほぼ毎時間新しい内容が提示されていくため、その内容習得に時間がかかります。しかし、１問で考えたり、話し合ったりすることも多くあります。そのため１時間１問で終わってしまう、という場合も予想されます。そのようにじっくり考える授業はとても大切です。しかし、単元の中で時数を調整して必ず反復練習の機会も取ってください。じっくり考えた時にはまだあやふやな理解だった子も、繰り返し問題を解く中で知識の定着が図られていきます。

　この反復練習はぜひ授業の中で確保して欲しいと思います。「音読」については前記しましたが、子どもたちの家庭環境はさまざまです。落ち着いて反復練習をしたり、困ったら保護者に助けを求めたりできる子もいるでしょう。しかし、そのような環境が確保されていない子もたくさんいます。じっくりと考える時間、反復に費やす時間を単元の中で上

算数障がい（ディスカリキュリア）について コラム

「他の教科の学習は理解できているのに算数だけ理解できていない」「何度、説明しても算数の問題を解くことができない」「考える力はあるはずだけど」といったように算数に著しい困難を抱える子どもに出会ったことはありませんか。その原因の一つとして考えられるのが「算数障がい（ディスカリキュリア）」です。

この障がいは、数概念の捉え方に困難があります。数概念とは「1」という数字と、「いち」という音と、「〇が1個」という数量が一致することです。この概念に課題があるため、算数の問題を解くのが難しいのです。さらに量感の未形成も考えられます。大体このくらいかな？という量感は、算数にとって非常に大切です。そこに課題があると、やはり算数の学習が難しくなります。また、空間認知能力に困難が見られるケースもあります。この場合、図形領域が苦手という特徴があります。

数概念の定着は、少しずつ練習していきながら一致させていくしかありません。具体物（ブロックや積み木など）を用いて丁寧に指導していくことが必要です。また、量感に関しても同じです。文章上での情報提示だけでなく、具体物を提示したり、視覚的にわかりやすくしたりする支援が必要です。中学年、高学年の教室では具体物を使用せず、文字だけの問題を提示したり、考えていったりすることが多いですが、イラストを使うなど、可能な限り具体物を提示してあげたりすると良いでしょう。

手くバランスをとって確保して欲しいと思います。

6 社会の授業づくり

（1）目標

　学習指導要領による教科の目標は「社会生活についての理解を図り，我が国の国土と歴史に対する理解と愛情を育て，国際社会に生きる平和で民主的な国家・社会の形成者として必要な公民的資質の基礎を養う。」とされています。つまり社会的な理解を深めながら平和で民主的な社会をつくっていく人材を育てるのが社会科の目標なのです。これは、教育全体の目標とも重なるところがあるでしょう。よく社会科は学級経営にも通じるといわれます。平和で民主的な社会の第一歩は教室を平和で民主的な場所にすることだからです。

　では、社会的な理解はどのように深めていけば良いのでしょうか。学習指導要領に以下のような記述があります。「社会的な見方・考え方を働かせ，課題を追究したり解決したりする活動を通して，グローバル化する国際社会を主体的に生きる平和で民主的な国家及び社会の形成者に必要な公民としての資質・能力の基礎を次のとおり育成することを目指す。」このように社会科は「社会的な見方・考え方」を働かせて課題を解決する活動の中で力を高めていく教科なのです。つまり、社会科の授業づくりで最も大切なポイントは子どもたちに「社会的な見方・考え方」を働かせる場面を意図的に設定することなのです。

（2）社会的な見方・考え方

　この「社会的な見方・考え方」についてみていきましょう。学習指導要領による定義としては「社会的事象を位置や空間的な広がり，時期や時間の経過，事象や人々の相互関係などに着目して捉え，比較・分類したり総合したり，地域の人々や国民の生活と関連付けたりすること。」

とされています。この見方・考え方を大きく分類すると、「見方」は「視点」で、「考え方」は「思考」になります。「空間や時間、相互関係などの視点をもって事象を分析して」「比較、分類、関連付けという思考を働かせる」ということです。

（3）資料や事象の見方

　では、具体的にどのような授業のステップなのかをここから説明していきます。最初のステップは「資料や事象の見方」になります。社会科の授業では、まず写真や動画、グラフや文献など何かしらの資料が提示されることがスタートになる場合が非常に多いです。ここで、ただ資料を見せるだけではなくて、子どもたちの社会的な見方・考え方を働かせて、疑問をたくさん出させることが深い理解へと繋がっていきます。

　私が資料を提示した際によく行う発問が「わかったこと・気がついたこと・思ったことをノートに箇条書きしましょう」です。よく資料を見て、気がついたことを出させる活動がありますが、発表者がいつも同じ子どもになってしまうという悩みを耳にします。この発問では「思ったこと」も書くことができるので、ノートを書いたり、発表したりするハードルがぐっと低くなります。また、箇条書きというのもポイントです。箇条書きにすることで書きやすくなるし、意見の数にも意識を向けさせることができます。「〇個以上書きましょう」と基準を設定したり「〇個以上書けた人はいますか？素晴らしいですね！」と評価したりすると、子どもたちがたくさん意見を書くように育っていきます。

（4）課題設定

　「資料や事象の見方」では「社会的な見方」を働かせることが大切でした。ここでは「社会的な考え方」を働かせることが大切になります。「資料や事象の見方」で出てきた意見をどんどん発表してもらい、全体で共有していきましょう。その後で出た意見を比較、分類しながら仲間分け

してみてください。その際に「空間や時間、相互関係」に着目させてい
きましょう。向山洋一氏が提案した雪小モデルの表に分類していくのも
良いでしょう（下図参照）。

　バラバラに出た意見を同じ視点で整理した後は課題の設定に移り、追
求したい課題、疑問に思ったことについて話し合いましょう。すぐに答
えが見つかりそうなものはその場で解決していきます。深く調べていか
ないとわからない疑問をピックアップして、追求していく課題としま
しょう。課題は、「どのように〜でしょう。」か「なぜ、〜でしょう。」
の形式がおすすめです。「どのように型」は目に見える事実的知識の追
求に対して、「なぜ型」は概念的な知識の追求に対しての課題となります。

A 子どもの意見分類表	一人 最低（　）：最高（　）総数（　）		
		目についたこと	くらべたこと
もの・形 〜がある 〜が大きい 白い	①人 ②建物 ③のりもの ④山・川・自然 ⑤道具・機械 ⑥かんばん ⑦その他	A	E
分布 　〜が多い、少ない、いっぱい		B	F
地域的・空間的なこと 　どこ、どちら向き		C	G
時代的・時間的なこと 　いつ、何時		D	H
その他			I

＊向山洋一『教え方のプロ・向山洋一全集 44 向山型社会・研究の方法』2002 年 明治図書
出版より

（5）課題解決

　課題を設定した後はいよいよ「課題解決」のステップへ進んでいきま

す。単元の中で最も時間を割くステップになります。設定した課題に対して「さあ、解決していきましょう」だけでは子どもたちは戸惑ってしまいます。どのように課題を解決していくのか、課題解決の方法から話し合っていきましょう。解決の方法としては「教科書や資料集で調べる」「インターネットで調べる」「実際に見に行って調べる」「関係者にインタビューする」などの方法があります。

　GIGA スクール構想によって学校の ICT 環境が一気に進みました。子どもたちがそれぞれインターネットを活用したり、教師が用意した資料を送信したり、オンラインで離れた人にインタビューしたりといったことが可能になったのです。そのような環境を活かしながら、課題に対する答えを見つけていく探究活動を行ってください。もちろん個人で解決していく形式もあれば、ペアやグループでの解決もあります。また、連続した時間で詳しく調べていく形式もあれば、1 時間ごとに解決していく形式もあります。このような授業のデザインは、クラスの実態を踏まえながら決定しましょう。

（6）課題のまとめ

　調べた内容をまとめて、課題に対する一定の答えを出していきましょう。社会的な事象について調べているので、明確な答えがある場合もあれば、複数の要因がからみ合っており、答えを出すのが難しい場合もあるでしょう。調べてきた内容を全体で共有して意見をまとめていきましょう。そこから固有の知識が明らかになったり、法則性や規則性が見えてきたりする場合があります。

　「どのように型」の課題では「このように～をしている」といった答えが多いでしょう（「どのように自動車を作っているのでしょう」という問いであれば、「ラインでの流れ作業で自動車を作っていた」という答え）。そして、その内容をノートや「まとめ新聞」に集約していく活動に入っていったりします。「なぜ型」の課題では「～だから」といっ

た答えになります（「なぜ、東北地方では米の生産量が多いのか」という問いであれば、「気候的な条件や、地理的な条件が適していたから」という答え）。その答えが他の事象にも適応されるのかを考えると、より抽象度の高い知識へと発展していくかもしれません。次の課題の解決に移っていくか、その課題をさらに深めていくかを単元目標や発達段階によって考えていきましょう。

（7）集合知

　最後に私がよく取り入れている学習活動とそのコツについてお伝えします。一つ目は「集合知」です。これは河田孝文氏が提唱している授業方式です。先の学習ステップの段階では「課題設定」での学習活動になります。子どもたちがノートに書いた意見を一人一つ黒板に書いていきます。そして、その意見に対しての質疑応答を行っていくという流れになります。そうすると全員の意見が視覚化でききます。ICTなどで共有する方法もありますが、黒板に書くのは、子どもたちもうれしいですし、そうすることで、意見をまとめたり、写したりする作業も容易になります。

（8）ノートまとめ

　もう一つは「ノートまとめ」です。これは「課題のまとめ」のステップで行う活動です。学習した内容を見開きの2ページにまとめさせます。色鉛筆などを使ったり、図や絵、グラフなどを入れたりして、見やすく丁寧にまとめます。ノートを相互評価させたり、こちらが評定を付けたり、学級通信などで紹介したりすると、どんどんレベルが上がっていきます。

|||||||||||||||||||||||| 指導ステップの例 ||||||||||||||||||||||||
5年生「暖かい地方に住む人々の暮らし」（日本文教出版 令和2年度版

『社会5年』)

□資料や事象の見方

この教科書には「那覇市と大阪市の月別平均気温と月別降水量」のグラフが掲載されています。この資料の出会いが学習ステップの最初となります。まず、グラフのタイトルや年代、縦軸や横軸の目盛りを全体で確認します。このステップを飛ばしてしまうと、グラフが読み取れない子が気付きをノートに書くことができません。グラフの読み方を確認した後に「二つのグラフを見て、わかったこと・気がついたこと・思ったことをノートに箇条書きしましょう」と発問します。子どもたちは那覇市と大阪市との違いや、那覇市の気温や降水量について着目した意見を書いていくでしょう。「大阪市より那覇市の方が1年を通して平均気温が高い」「1月でも平均気温は15℃を超えている」「那覇市の方が、降水量が多い」「那覇市は、5〜6月や8〜9月の降水量が多い」「ニュースで見たけど、台風がよく来るからかもしれない」などの意見をノートに箇条書きしていきます。一人で作業した後はペアで交流したり、グループで交流したりする時間を取り入れると、より意見の数が増えていきます。

□課題設定

先ほどの子どもたちが出した意見から疑問を引き出して課題を設定してくのが良いでしょう。例では「大阪市より那覇市の方が1年を通して平均気温が高い」「1月でも平均気温は15℃を超えている」といった気温に関する意見が出ていました。これらの意見をグルーピングして、「気温」に関する疑問を出し合っても良いでしょう。すると「なぜ、那覇市の方が気温が高いのか？」といった地理的な条件に目を向けさせる課題や、「気温が高い地域ではどのような家に住んでいるのだろう？」といった住環境に目を向けさせる課題、

「気温が高い地域の人はどのように暮らしているのだろう」といった課題を設定することができます。同様に「那覇市の方が降水量が多い」「那覇市は5〜6月や8〜9月の降水量が多い」「ニュースで見たけど台風がよく来るからかもしれない」といった意見からは、「なぜ、那覇市は降水量が多いのだろう」や、「どのようにして台風への対策をしているのだろう」といった課題が設定できます。前記したように、「どのように〜でしょう」か「なぜ、〜でしょう」の形式を子どもたちに教えておくと、課題の設定も自分たちで行いやすくなります。

□**課題解決**

「課題設定」ができれば「課題解決」の過程に移ります。ここでは「那覇市の人々はどのようにして台風への対策をしているのだろう」という課題を解決することにしましょう。子どもたちに「どのようにすればこの課題を解決することができますか？」と問いかけます。このようにして、子どもたち自身に解決方法を意識させることが問題解決の力を高めることに繋がっていきます。子どもたちに問いかけると「教科書で調べる」「資料集から探してみる」「図書室に関連する本があるかどうか探してみる」「インターネットで調べる」「沖縄の知り合いに聞く」など、多様な方法が出てくるでしょう。後はグループごとに解決させても良いですし、教師が調べる方法を指定して一斉授業の形式で調べていくのも良いと思います。時数や子どもたちの状況に合わせて調べ方を設定してみてください。

□**課題のまとめ**

設定した課題は「那覇市の人々はどのようにして台風への対策をしているのだろう」でした。教科書や資料集、インターネットで調べた結果、「屋根の瓦は飛ばないように漆喰で固められている」「家の周りにサンゴの岩の塀や木を植えている」「低く構えた平屋造りが多い」などがわかりました。「どのように〜だろう」に対する答え

なので、これら一つひとつの台風対策への工夫が課題に対する答え
となります。さらにこうした工夫を「自然を活かして台風対策の家
づくりを行っていた」としても良いでしょう。この後、次の課題へ
と移るか、このまま課題を発展させていくこともあり得ます。課題
を発展するならば「最新の那覇市の台風対策の家はどのようなもの
だろう？」などが考えられます。

7　理科の授業づくり

　理科は全国的に専科指導が増えてきました。「もう理科は専科の先生
に任せているので」という声も聞こえてきそうです。しかし、専科指導
がない学校に配属されたり、自分が専科指導になったりする可能性もあ
ります。何より理科で培われる能力は他の教科でも活かせる論理的な問
題解決の力です。各学年でどのような力を育成していくのか、どのよう
な授業ステップなのかを把握しておくことは教師として大きな強みにな
るはずです。

（1）目標

　学習指導要領には「自然に親しみ，理科の見方・考え方を働かせ，見
通しをもって観察，実験を行うことなどを通して，自然の事物・現象に
ついての問題を科学的に解決するために必要な資質・能力を次のとおり
育成することを目指す。」とあります。
①自然の事物・現象についての理解を図り，観察，実験などに関する基
本的な技能を身に付けるようにする。
②観察，実験などを行い，問題解決の力を養う。
③自然を愛する心情や主体的に問題解決しようとする態度を養う。
とあります。

（文部科学省「小学校学習指導要領（平成29年告示）解説 理科編」より）

　このように、理科の見方・考え方を働かせて活動する中で問題解決の能力を育成することが目標なのです。大切なポイントは社会と同様、教科特有の「見方・考え方」と「問題解決」です。それぞれについて少し詳しくみていきます。

（2）理科的な見方・考え方

　理科の見方は理科を構成する領域ごとの特徴から四つに整理されたもので、それは「エネルギー」「粒子」「生命」「地球」です。これらの主だった視点は「エネルギーは量的・関係的な視点」「粒子は質的・実体的な視点」「多様性と共通性の視点」「時間的・空間的な視点」です。これらの視点から事象を考えていきます。その考え方が学年ごとに系統立てられており、3年生が「比較」、4年生が「関連付け」、5年生が「条件制御」、6年生が「多面的に考える」です。こうして見方と考え方を組み合わせて、問題解決にあたっていきます（例えば3年生の生命単元なら、多様性と共通性の視点からホウセンカとマリーゴールドを比較するといった授業内容になります）。

（3）課題の把握

　ここからは具体的な授業のステップについて解説していきます。最初のステップは「課題の把握」です。特定の自然事象に出会い、これまでの知識や経験との共通点や違いを整理して課題を設定していきます。その中で子どもたちから出てきた疑問が指導内容と一致していれば、そのまま取り上げていきます。そうでなければ、教師が課題を示しても良いでしょう。また、いきなり課題設定をするのではなく、課題設定のための共通の知識や体験（レディネス）をそろえるために、自然事象とたっぷりと向き合う時間を取るといった方法もあります（風の働きの課題を設定する前にたくさん風を利用したものを使ったり、おもちゃで遊んだ

りする活動を取り入れるなど）。

（4）仮説の設定

　課題に対する予想を立てるという方法が一般的です。しかし、本書では、より問題解決の力を高めるために仮説を立てるという活動を提案したいと思います。課題に対してこれまでの知識や体験から、子どもたちに仮説を設定させてみてください。初めのうちは難しいと思いますので、子どもたちの予想から教師が一緒に仮説を作ってみましょう。例えば「ものの重さ」の学習で「形の変化とものの重さ」に関する課題を設定した際に、「形が変わると、ものの重さは変わる」という予想と、「形が変わっても、ものの重さは変わらない」という予想に分かれたとしましょう。それらを仮説の形式に変換してみてください。「もし、形が変わると、ものの重さが変わるなら、粘土の形を変えると、重さが変わるだろう」という仮説や、「もし、形が変わっても、ものの重さが変わらないなら、粘土の形を変えても、重さは変わらないだろう」という仮説になります。形式としては、「もし（予想が適切）なら、（実験方法）をすれば、（見通した結果）になるだろう」となります。ここで一気に予想を確かめるための実験方法まで仮説に入れる形にします。慣れるまで難しいかもしれませんが、仮説を設定できるようになると、後に解説する「考察」もスムーズに記入できるようになります。ぜひ、取り組んでみてください。

（5）観察や実験

　仮説の設定と重なりますが、自分の予想を確かめる方法を検討させます。理科の実験や観察には大きく三つの目的があります。「自然の中に潜むきまりを発見するため」や「自然に対する考えの適切性を判断するため」、「自然に対する興味や関心を高めるため」などです。一般的に「きまりの発見」に重きがおかれますが、仮説を設定する授業構成では「自然に対する考えの適切性を判断するため」、「自然に対する興味や関心を

高めるため」に重きを置きます。つまり、仮説の実証が実験や観察の目的となります。子どもたちの意見や教科書の内容をもとにして、安全で実証可能な実験や観察の方法を考えていきましょう。

　ここで「観察や実験」についての注意点に触れておきます。学習指導要領に「実感を伴った理解」とあるように、実際に五感を通して体験することがとても大切です。可能な限り実際に観察や実験を行って欲しいと思います。理科の実験では注意点がたくさんあります。一番大切なことは安全に実験を終えることです。ニュースでもたびたび、不適切な器具や薬品の使い方が原因で事故になったケースが報道されています。適切な器具や薬品等に対する理解が必要不可欠です。文部科学省から「小学校理科の観察，実験の手引き」が出されています。実験をする前に教師が確認しておきましょう。また、子どもたちへの指導も大切です。「理科室での過ごし方」「教師の話を聞く姿勢」「正しい実験の手順」「正しい器具の使い方」などを事前指導しておきましょう。観察についても同様です。子どもに観察させる環境が安全かどうかはしっかり教師がチェックしておきましょう。また、実験の場合は子どもの目的意識がはっきりしている場合が多いですが、観察になるとそれがぼやけてしまうことが予想されます。どこに着目して観察をするのかを子どもたちと確かめておきましょう。観察や実験の結果をわかりやすく表やグラフなどを用いて記録しましょう。よく混乱する理科の言葉に「結果」と「考察」があります。「結果」は観察や実験での事実です。「考察」はその「結果」（事実）の解釈になります。

（6）考察

　考察は結果の解釈になります。ここで提案している学習のステップでは仮説とリンクした形式になります。先ほどの例に挙げた「もし、形が変わっても、ものの重さが変わらないなら、粘土の形を変えても、重さは変わらないだろう」という仮説なら、考察は「形が変わっても、もの

の重さが変わらないとわかった。なぜなら、粘土の形を変えても、重さ
は変わらなかったから」となります。考察の形式は「（予想は適切とわかっ
た）なぜなら、（実験方法）すると、（見通した結果）になったから」と
なります。仮説が実験によって実証されれば、そのまま考察が書けるの
です。仮説と違う実験結果になった際は、仮説が間違っていることが実
証された形になります。なので、新たな仮説を立てるというステップに
なります。また、「考察」のステップの後に「まとめ」を入れる場合も
あります。「まとめ」は主に教科書にある言葉で観察や実験の最後に「確
認したい内容」を整理したもので、知識の定着に向けて語句や内容をも
う一度確かめることが「まとめ」の目的です。

（7）振り返り

　学習の過程を振り返り、何を学んだのかをもう一度自分の言葉で書く
活動です。活動内容をメタ認知することで定着を図ります。また、単元
独自の知識や技術の振り返りだけでなく、活動ステップの振り返りもあ
り得ます。どのようにして仮説を設定したのか、どのようにして考察を
したのか、なども振り返らせてみましょう。学習内容だけでなく、学習
形式のメタ認知です。この活動で問題解決の過程の定着も図っていきま
しょう。この振り返りで新たに解決したい自然事象を書いても良いで
しょう。つまり、振り返りで書くべき項目は「学習内容：どのような学
習をしたのか、何がわかったのか」「学習形式：どのようにして仮説を
立てたか、どのように考察を考えたのか」「新たな事象：さらに解決し
たい疑問など」を学年に応じて指導していくということになります。

（8）理科を担当する際のアドバイス

　理科を担当することになった際は、その学年で栽培する作物などを年
度当初に確認しましょう。生き物をすぐに育てることは難しく、また、
連作（前年と同じ場所で同じ作物を栽培すること）は避けたいところで

す。恐らく４月は、土づくりとホウセンカ、ヒマワリ、ヘチマなどの種まきになるはずです。これ以後の作物もスケジュールをチェックしましょう。実験の器具についても同様です。単元に入る前に必ず教師で予備実験をしておきましょう。また、年度当初に理科室を確認して、すべての器具を確認しておくとよいでしょう。私は、理科の授業で理科室を子どもたちと一緒に探検して、理科室の地図を作る活動を取り入れていました（その際に一緒に器具を確認していました）。

IIIIIIIIIIIIIIIIIIIIIIII 指導ステップの例 IIIIIIIIIIIIIIIIIIIIIIIII
６年生理科「ものが燃えるしくみ」（啓林館 令和２年度版『理科６年』）

□課題の把握
ものを燃やす働きのある気体は何か、を考える内容だとすると、まずは、空気中に含まれる気体の成分を思い出すところからです。空気中には「酸素」「二酸化炭素」「窒素」が含まれています。これまでに学習しているそれぞれの割合についても確認しておきます。窒素が78％程、酸素が21％程、二酸化炭素が0.04％ほどでした。さらに前時までに行った実験の内容や結果、考察なども振り返っておくのが良いでしょう。前の時間では「空気が入れ替わって、新しい空気に触れることで、ものは燃え続ける」ことがわかっていました。

□仮説の設定
これまでの経験や知識から新たな課題についての仮説を設定していきます。課題は「ものを燃やす働きのある気体は何か」です。空気中に一番多い成分が「窒素」であることから、ものを燃やす働きのある気体は窒素であると考えたとしましょう。すると、仮説は「もし、ものを燃やす働きのある気体が窒素であるなら、窒素の中にロウソクを入れると、ロウソクは燃えるだろう」となります。これで

仮説の形式は「もし（予想が適切）なら、（実験方法）をすれば、（見通した結果）になるだろう」となります。

□観察や実験

これは気体や火を扱う実験となります。子どもたちにその実験方法を考えさせるステップを取っても良いですが、必ず、教科書などの注意事項を確認しておきましょう。教師が一緒に実験の手順を確認して、子どもたちの役割分担を行います。結果を記録するためにタブレットで撮影しておくのも良いでしょう。ここでの実験の結果は「ロウソクの火は、すぐに消えてしまいました」となります。

この場合、最初に立てた仮説が間違っていたことになります。このケースでは改めて仮説の設定へと移行します。次に立てた仮説は「もし、ものを燃やす働きのある気体が酸素であるなら、酸素の中にロウソクを入れると、ロウソクは燃えるだろう」となりました。「酸素」に目を向けたのです。同様に実験を行うと、次は「ロウソクの火は、激しく燃えました」という結果になります。

□考察

仮説通りの結果が出たため考察のステップに進みます。考察の形式は「（予想は適切とわかった）なぜなら、（実験方法）すると、（見通した結果）になったから」でした。今回は「酸素には、ものを燃やす働きがあるとわかった。なぜなら、酸素の中にロウソクの火を入れると、激しく燃えたから」となります。教科書の「まとめ」も確認しておきましょう。教科書には「酸素には、ものを燃やす働きがある」と記載されていました。これが「まとめ」になります。

□振り返り

何がわかったのか、どのような学習をしたのか、さらにどんなことを学びたいかなどを書いていきます。「今日の学習で、酸素にものを燃やす働きがあることがわかりました。空気中の気体から仮説を立てました。最初の仮説の窒素ではなく酸素でした。次は、調べて

いない二酸化炭素について実験をしたいです」などです。

8 道徳科の授業づくり

　長く道徳は教科外の活動として行われてきましたが、2018年度から教科の一つになりました。

（1）道徳科の目標

　学習指導要領にある道徳科の目標は「よりよく生きるための基盤となる道徳性を養うため、道徳的諸価値についての理解を基に、自己を見つめ、物事を多面的・多角的に考え、自己の生き方についての考えを深める学習を通して、道徳的な判断力、心情、実践意欲と態度を育てる。」です。自分自身、人との関わり、集団や社会との関わり、生命や自然などとの関わりについてさまざまな視点から考え、その考えを深めることが教科の目標となります。この目標から考えても、「教材を読んだ後に子どもたちに感想を聞いて、教師の説話で終わる」といった授業展開が望まれているわけではないことは明らかです。

（2）道徳科の授業ステップ

　では、どのように授業を構成していけばよいのでしょうか。ここからは道徳の授業づくりについて述べさせていただきます。道徳の授業展開は大きく分けると、①導入　②教材　③発問　④対話　⑤振り返り　の5ステップになります。

（3）導入

　導入では教材に入る前にその教材の価値項目についての現時点での考えを聞いていくことが多いです。例えば「主として自分自身に関すること」の「個性の伸長」なら、「個性って何だと思いますか？」「自分の個

性は何ですか？」「伸ばしたい個性はありますか？」などです。この価
値項目についての現時点での考え（価値観）をベースにして、子どもた
ちは教材に向き合います。授業後にさまざまな視点から考えたことで価
値観が変容したり、今まで以上に深く考えることができたりしていたら
目標達成です。また、教材で問題定義されている場面について、現時点
での生活体験を聞くといった導入方法もあります。「自分の得意なこと
をしているとき、どんな気持ちですか？」「友だちが苦手なことで困っ
ていたら、どうしますか？」などです。

（4）教材

　教材ですが、これは教科書教材になります。教科化される以前は自作
教材や学級の出来事などが良くも悪くも教材になるケースが多かったの
ではないでしょうか。しかし、今は教科書をベースに年間の単元が構成
されています。この教科書教材ですが、まずは教師の範読からスタート
します。初出の教材をいきなり子どもたちに読ませることはあまりおす
すめできません。読むことにパワーが使われて内容について考えるエネ
ルギーが奪われる子がいるからです。教師が教材を読んだ後は登場人物
やあらすじなどを図を使って簡単に整理します。ここで時間を取ってし
まうと道徳的価値について考える時間がなくなってしまいますので、あ
くまで簡単に行うのが望ましいです。しかし、この手順を飛ばしてしま
うとあらすじや場面設定を理解できない子どもが出てきます。そうなら
ないように、全員を共通の思考の土台にあげることが必要です。

（5）発問

　発問によって授業の展開、子どもたちの思考の行方が大きく左右され
ていきます。教材で提示された登場人物の行動やその背景にある価値観
について、全員で考える機会を提供するためのスタートが発問なのです。
授業で考えたい価値項目と教材の内容を踏まえて発問を設定するのです

が、ここでは大きく四つのパターンで整理していきます。

A　共感的発問

　　主人公の気持ちや考えの中身を問う発問。「〜は、どのような気持ちでしょうか」など

B　分析的発問

　　意味や原因、理由について問う発問。「〜したのは、なぜでしょうか」など

C　投影的発問

　　主人公に自己を置換させる発問。「自分なら、どのようにしますか」など

D　批判的発問

　　主人公や教材に対する考えを問う発問。「〜について、どう思いますか」など

　もちろん、これら以外のバリエーションもあるでしょう。大切なことは、その発問によって子どもたちが道徳的価値観について考えることができたかどうかです。この分類ではAとBが教材を中心に多面的に考える思考を促す発問です。そして、CとDが自己の価値観について多角的に考える思考を促す発問になります。これらの大きな発問は主発問といわれます。この発問によって促された思考、そしてそれを言語化した意見をもとに授業が進んでいきますので、全員が発問に対する意見をしっかりともつことが大切です。ただ、発問をして終わりではなく、ノートに自分の意見を書く時間を確保したり、全体で意見を交流したりする前に、ペアで意見を確認し合うなどの手立てが必要です。

（6）対話

　先ほどの発問で考えた意見ができ上がると次はその意見の交流です。これがいわゆる対話です。子どもと教師との対話、子どもたち同士の対話によって、自分とは異なる価値判断に触れたり、自分の意見をより深

く掘り下げたり、自分の無意識な価値判断が言語化されたりすることをねらっていきます。

　ここで何より大切なことは言いたいことが言える雰囲気がどうかです。これには、これまでの学級経営が大きく影響してきます。特に教師が子どもたちに与えている影響は大きいです。自分が求めている意見だけを取り上げるような授業をしていると、先生が求めている答えしか発表しなくなります。また、誰かの意見がただ理由もなく否定されると、当然発表する子どもが少なくなっていきます。安心して子どもたちが発表できる雰囲気をつくることが最優先です。また、子どもたちの話し合いをファシリテートする役割として、教師の問い返しも重要になってきます。みんなでより深く考えていきたい意見の時に「一度、○○さんがいったことについてペアで話し合ってみよう」と促したり、時には「でも、みんなが言っていることって□□とは違うよね」などと心理的葛藤を生じさせたりなど、子どもたちの話し合いに介入していきます。これによって子どもだけの対話より一歩進んだ対話になる効果が生まれます。

（7）振り返り

　これまでの展開を受けて自分の考えや価値観について改めて言語化して思考を整理するのが振り返りです。ペアで対話させたり、全体発表させたりとさまざまな方法が考えられますが、一人ひとりの学びを確保したり、記録としても活用できるようにするために、ノートなどに記述させることが良いでしょう。その場合の観点としては「改めて教材や主人公についてどう思うのか」「自分の考えや価値観は、どのように変化したのか、または、変化しなかったのか」「教材で提示されたような日常生活の場面に出会った際に、どのように考えるのか（行動するのか）」などが中心となります。

3年生道徳「やめられない」（光村図書出版『小学校3年 道徳』）

　ここまで解説してきた授業ステップは、どのような教材に対しても汎用性があります。最後に具体的な教材を使用してこの授業ステップで計画を立ててみます。今回は「どうとく　きみがいちばんひかるとき　3年生」の「やめられない」（光村図書出版 令和2年版『小学校3年 道徳』）で考えていきます。道徳の学習ステップは、「①導入　②教材　③発問　④対話　⑤振り返り」でした。この教材の価値項目は、【A 節度、制約】です。道徳の授業づくりの際は、その教材の価値項目を必ず確認しておきましょう。

□導入

節度や制約について教材に入る前の自分の価値観を確認させるような問いかけが良いでしょう。私なら「つい、やめられないなぁと思うことは、ありますか？」と発問します。子どもたちが自分の生活を振り返って考えていくはずです。私が授業した際は「ゲームがやめられない」「お菓子を食べること」「ネットで動画を見ること」「漫画を読むこと」などが意見として出てきました。さらに一歩踏み込んで「なぜ、やめられないのでしょう」と尋ねました。すると「楽しいから」「あともう少し…という気持ちになる」と教えてくれました。

□教材

ここでは、教師が教材を範読します（「やめられない」は主人公の女の子がゲームをやめられず、周りに関心が向かなくなったり、生活に支障が出てきたりする話です）。クラスの実態に合わせてスライドであらすじを簡単に提示したり、登場人物同士の関係を図で表したりしても良いでしょう。

□**発問**

先ほどの導入と結び付けて「女の子が、やめられないことで困ってしまったのは、どんなことですか？」「なぜ、ゲームをやめられなかったのですか？」と発問しました。教材の中で価値項目である節度、節約ができない場面やその理由について考えさせていくのです。

□**対話**

発問の後には理由を対話する時間も取りました。さらに授業終盤に「では、ゲームをやめられるようにするには、どのようにしたら良いですか？」と発問して、自分自身の「やめられない」に立ち返らせました。ここでも対話をします。子どもたちは「タイマーをセットする」「ルールを家族と決める」「ゲーム機やネットの設定を変える」などが出てきました。

□**振り返り**

自分の意見、友だちの意見を踏まえて、自分のこれまでの生活とこれからの生活について考える時間を取りました。

9 体育科の授業づくり

　体育という教科にはどのようなイメージがあるでしょうか。スポーツが好きな先生は体育が得意かもしれません。反対にスポーツが苦手な先生は同様に体育の授業も苦手かもしれません。しかし、よく考えてみると運動するのは子どもたちです。授業づくりの知識があれば、今よりもより良い体育の授業ができるはずです。

　体育の授業は体育館や運動場など広い場所で行われます。そのため、子どもたちは教室とは違った様子をみせます。体育の授業ならではの単元構成や授業づくりのコツについて解説していきます。

（1）集合や整列の目的

　体育の授業のスタートは集合をして整列をすることがほとんどだと思います。この集合や整列は一体何が目的で行われるのかを考えることが大切です。

　まず、集合についてです。集合がなぜ大切かというと、子どもたちを集めておかないと指示を伝えることが難しいからです。教師との距離が離れれば離れるほど指示の伝達も難しくなります。授業中でもたびたび全体の子どもたちに指示を伝える場面があります。活動しているその場に座って聞かせる方法もあります。しかし、学年が下がるほど指示を聞くことが難しくなります。毎回、集合してしっかり話を聞かせることも大切です。そうすると、その集合に時間がかかっていては授業時間が削られていきます。素早く集合できるように学年や学期の初めには集合の練習をします。活動の場から走ってきて先生が手を広げている範囲（視野の範囲）に集まって座るという動作の練習が必要です（この時に、教師は太陽を向いて立つことが望ましいです）。

　次は整列です。整列の目的は何なのでしょうか。私は集団行動のためだと考えています。集団で行動する場合、それぞれが個別の動きをすると、周囲の迷惑になったり安全確保が難しかったりします。また、団体演技に臨む際は位置関係を統一する練習が求められます。さらには緊急時に素早く並ぶスキルも必要です。そのために体育の授業の最初は整列して授業を始めています。授業途中の集合で整列をするかどうかは次の動きによって変わります。人数の点呼やチームの整理などの場合は整列の必要があるでしょうし、そうでない場合もあるでしょう。必要性と次の動きによって整列を考えてみてください。

（2）基礎感覚運動

　体育で練習していくスキルは筋力や体幹、前庭感覚（バランスの力）、

固有感覚（力の入れ具合）などに支えられています。つまり、いくら習得したいスキルを練習しても、これらの基礎感覚が未発達だとなかなか上達することが難しいのです。特に低学年の子どもや発達障がいがある子どもはこの基礎感覚の未発達が多くみられます。そこで、単元内での練習の前に準備体操と組み合わせて基礎感覚を育成する運動を取り入れることがおすすめです。

　まずは、筋力についてです。体育の種目ではある程度の筋力がないと難しい技がいくつかあります。その代表が逆上がりです。しかし、さまざまな要因が重なり合い子どもたちの外遊びの機会が減っているので、短い時間でも筋力を鍛えるメニューを体育に入れて欲しいと思います。私は準備運動の後に「腕立て伏せ」「腹筋」「背筋」を行っています。

　次に基礎感覚についてです。これは前記したように前庭感覚と固有感覚です。前庭感覚はバランスの力です。鍛えるメニューとしては、鉄棒や滑り台、平均台などがあります。また、簡単にできることとしては、目を閉じての片足立ちなどです。学校の設備にもよりますが、特に低学年でこの感覚を刺激する運動を取り入れて欲しいと思います。もう一つは固有感覚で、力の入れ具合に関わる感覚です。これを鍛えるメニューとしては、縄跳びやしっぽ取り、手押し相撲や、手押し車などがあります。私はこの二つの感覚に関わる運動を準備体操の後に行っています。

（3）単元同士を組み合わせる

　単元の指導について考えてみます。年間の体育の単元計画の中でその単元の時数だけではあきらかに習得が難しい内容もあると思います。また、他の動きや上記の基礎感覚に繋がる運動でもっと継続して指導したいという場合もあるでしょう。そんな時に私は1時間の授業の中に二つの単元を入れるというカリキュラム編成を行っていました。特に「なわとび（短縄）」や「鉄棒」などの種目は単元での習得が難しいこと、基礎感覚に繋がるということの二つの項目を満たしているので年間を通じ

て行っていました。

　また、低学年の場合、同じ単元で 45 分となると授業中に飽きがくる場合もあります。そこで授業をユニットで構成して複数の単元を入れることで授業が活発になります。ただしこの場合は教師の時間マネジメント能力が求められますので、あらかじめ、どのように活動を構成すればスムーズにいくのかを綿密にシミュレーションする必要があります。さらに（1）で解説した集合や整列の時間をいかに短縮できるのかも大切です。活動の時間を確保するために素早く行動するという意識付けが必要です。

（4）年度当初の指導

　私は必ず次のような話をします。「体育は他の教科と大きく違うところがあります。何だと思いますか？それは、身体を大きく動かすということです。その特性から真剣に取り組んでいてもケガをすることがあります。ましてやふざけて取り組んでいると、もっとその危険は高くなります。必ず真剣に取り組みましょう」。学年によって言葉やニュアンスは、少し異なってきますが、大筋はこのようなものです。これを年度当初だけでなく毎学期の初めにもします。最初に宣言するからこそ、その効果が高いと感じています。

（5）運動量の確保

　私が授業の中で大切にしていることがあります。それは運動量の確保です。丁寧に授業をしようとすると、どうしても教師の説明が長くなってしまいます。そのような場合、体育の授業の前に教室で説明などをしていました。グランドに出てからはなるべく活動の時間が取れるようにするという意識を常にもっています。また、子どもたちの作戦タイムや話し合いなども同様です。キビキビと、そして短い時間で行うというイメージです。

発達障がいにおける運動支援について

ADHDの症状の「多動性や衝動性」といった症状への対応に困っている先生が多いと思います。特に低学年の学級では「子どもたちが立ち歩いて、授業が進まない」「こちらが何か言うたびに、私語が始まり、ザワザワした雰囲気になる」という相談を受けることもしばしばです（これらすべてがADHDの症状ではありませんが）。そのようなADHDの症状は、脳内物質が大きく影響しているとされています。少し専門的な話になりますが、脳の覚醒状態が下がっている時にその症状が出てきやすいとされているのです。そこで脳内物質の分泌を促すことで症状の出現を減少させることをねらった支援が運動支援なのです。

運動をするとドーパミンやノルアドレナリンといった物質が放出されます。これがADHDの症状に関係してきます。なので、集中が必要とされる場面の前に運動の機会を取り入れたり、集中が切れたタイミングで運動の機会を取り入れたりするのです。簡単にできることでは子どもたちに外遊びを促すといった方法があります。休み時間に積極的に身体を動かすことで次の時間に集中できる可能性が高まるのです。教師が一緒に外に出て身体を動かす遊びをすると、子どもたちは喜んで参加するでしょう。

授業中は当然運動の機会が制限されています。しかし、1時間ずっと座った状態での参加という形式は変更することができるでしょう。立ったり、座ったりの機会を増やしたり、意図的に配布物を配る機会を設定したり、ノートを集める際も自分で前にもってくることなども良いでしょう。いつもペアではなく、座席の離れた友だちとのワークを設定するのも有効かもしれません。

（6）子ども同士の関わり

　体育という性質上、どうしても勝ち負けがつく場面があります。また、チームで協力して何かに取り組む場面も多くあります。そんな時にトラブルばかりだと、やはり授業を上手く成立させることは難しくなります。ここにも、日々の学級経営が大きく影響してきます。仲間づくりの意識を体育だけでなく、日々のささいな場面で意識して子どもたち同士を繋げていく必要があります。勝ち負けにこだわる子が多い場合には事前指導も大切です。「体育は、スポーツの勝ち負けを競うことが目的では、ありません。一生懸命試合をする中で、技術がレベルアップしたり、仲間と協力できたりすることを目的にしています」などといった話をします。勝ち負けはあくまで結果です。大切なのは、その過程であることを繰り返し伝えるようにしていきます。

　また、チームのメンバーも固定化せずに何度も変えていくのがおすすめです。そうすることでさまざまな子どもたち同士の繋がりが生まれてきます。これは、主運動の試合だけでなく、毎日の身体づくりの運動でも同様です。さまざまなメンバーでペアなどをつくり、ストレッチなどを繰り返すだけでも仲間づくりの第一歩となります。

参考文献

谷和樹『みるみる子どもが変化する「プロ教師が使いこなす指導技術」』学芸みらい社、2012 年
樺沢紫苑『脳のパフォーマンスを最大まで引き出す 神・時間術』大和書房、2017 年
大前暁政『本当は大切だけど、誰も教えてくれない授業デザイン 41 のこと』明治図書、2021 年
向山洋一『授業の腕をあげる法則』明治図書、1985 年
向山洋一『子供を動かす法則』明治図書、1987 年
沼田拓弥『「立体型板書」の国語授業』東洋館出版社、2020 年
二瓶弘行・青木伸生・国語 " 夢 " 塾『小学校国語　説明文の授業技術大全』明治図書、2019 年
白石範孝『白石範孝の国語授業の教科書』東洋館出版社、2012 年
向山洋一『国語の授業が楽しくなる』明治図書、1986 年
阿部昇運営「国語ノート　授業の研究』（https://kokugonote.com/）
二瓶弘行・青木伸生・国語 " 夢 " 塾『小学校国語　物語文の授業技術大全』明治図書、2019 年
二瓶弘行・青木伸生・国語 " 夢 " 塾『5 分でできる！小学校国語ミニ言語活動アイデア事典』明治図書、2018 年

小野隆行『ストップ！「NG 指導」すべての子どもを救う［教科別］基礎的授業スキル』学芸みらい社、2019 年
土居正博『クラス全員が熱心に取り組む！漢字指導法』明治図書、2019 年
学研プラス『小学全漢字おぼえるカード』学研プラス、2017 年
山田充『意味からおぼえる漢字イラストカード』かもがわ出版、2009 年
NPO 法人スマイルプラネット（https://smileplanet.net/）
向山洋一『" 教えないから分かる " 向山型算数』明治図書、2006 年
谷和樹・赤塚 邦彦『向山型スキル・算数の授業パーツ１００選』明治図書、2011 年
澤井陽介『澤井陽介の社会科の授業デザイン』東洋館出版社、2015 年
澤井陽介・小倉勝登『小学校社会 指導スキル大全』明治図書、2019 年
谷和樹・川原雅樹・桜木泰自『「社会」授業の腕が上がる新法則』学芸みらい社、2020 年
向山洋一・谷和樹『子どもを社会科好きにする授業』学芸みらい社、2011 年
鳴川哲也・山中謙司・寺本貴啓・辻健『イラスト図解ですっきりわかる理科』東洋館出版社、2019 年
鳴川哲也・山中謙司・寺本貴啓・辻健『イラスト図解ですっきりわかる理科 授業づくり編』東洋館出版社、2022 年
田中翔一郎『図解 & 資料でとにかくわかりやすい 理科授業のつくり方』明治図書、2022 年
鳴川哲也『小学校理科　指導スキル大全』明治図書、2019 年
比楽憲一「仮説設定のための指導方略の提案とその施行」『理科教育学研究 Vol.61 no.2』日本理科教育学会、2020 年
丸岡慎弥『やるべきことがスッキリわかる！考え、議論する道徳授業のつくり方・評価』 学陽書房、2018 年
加藤宣行『道徳授業を変えたい！と思ったときに、まず読む本』東洋館出版社、2021 年
白旗和也『小学校 これだけは知っておきたい新「体育授業」の基本』東洋館出版、2019 年
夏苅崇嗣『この 1 冊でまるごとわかる！小学 1 年生の体育授業』明治図書、2019 年
川上康則『学校・家庭で楽しくできる　発達の気になる子の感覚統合あそび』ナツメ社、2015 年
前田智行『子どもの発達障害と感覚統合のコツがわかる本』ソシム、2021 年

第 3 章 スキルアップ

1 仕事術

　これまで小学校教師の専門的な知識について述べてきました。大人数の子どもたちを成長へと導いていくこの仕事はやりだしたら無限に出てきます。気がついたら１７時、１８時、１９時…なんてことは珍しくありません。そして目の前の仕事でいっぱいいっぱいになり、ゆとりがなくなるということもよく耳にします。仕事の専門的なスキルだけでなく、どのように仕事を処理していくのかのスキルもまた、大切なのです。仕事が早くなればその分ゆとりが生まれます。そうすると、子どもに笑顔で接することができますし、家族との時間も増えます。そんな仕事処理のスキルについてご紹介します。

　まず、仕事を円滑にするためには保護者の信頼をしっかりと得ることが必要不可欠です。保護者からのクレーム対応に追われるとさまざまな仕事がストップしてしまいます。逆にいえば、保護者から信頼してもらえると、日々の教育活動がスムーズにいくのです。そのために私が実践している方法は二つあります。

（１）保護者からの信頼：細かな連絡

　放課後に連絡することは一見仕事をストップするように見えますが、これはささいなことでも必ず連絡した方が良いと感じています。子どものケガはもちろん、トラブルや日々の様子なども伝えると安心されます。私は放課後に時間が取れない場合は仕事の休憩時間を使って連絡していました。私たち教師も人間なので、話が難しくなりそうな保護者に連絡するのはためらいます。「これくらいは連絡しなくてもいいか」と思うこともあります。しかし「連絡すべきかどうか迷った時は連絡する」という自分ルールを決めて実行しています。大きな不信感となって返ってくる前に、日々の細かなコミュニケーションが大切です。

（2）保護者からの信頼：学級通信

　学級通信も時間がかかるために多くの先生が敬遠しがちです。しかし、私は毎日作成して配布しています。その日の授業や出来事が翌日の通信として保護者の手元に届くという形です。これも時間対コストでいえばメリットが大きいと感じています。日々の授業内容や行事、細かな様子を全保護者に伝えているために、懇談などで感謝されることも少なくありません。また、持ち物の連絡なども通信を使って早めに連絡することができます。さらに子どもの活躍している様子や教師からのメッセージを保護者がすぐに目にできるのも安心感に繋がります（学期末の懇談だとどうしてもタイムラグがあります）。作成に時間がかかりそうなイメージですが、慣れてくると10分も掛からずに作ることができます。テンプレートを用意しておけば、B5サイズで写真なども入れても時間はそれほどかかりません。ぜひ、一度チャレンジしてみてください。

（3）同僚の先生からの信頼

　学級担任はどうしても一人で仕事を処理していくイメージをもたれがちです。しかし、学年のメンバーや他学年のメンバーからのサポートが必要な場面も必ず出てきます。自分ひとりでは子どもの教育は不可能です。学校のさまざまな職員の協力を得ながら、子どもたちを育てていく方がはるかに効率的なのです。そのためにも、学校内での信頼を確立する必要があります。自分のクラスの子どもだけでなく、他クラスや他学年の子どもが困っている際やトラブルの際は、真っ先に駆けつけることが大切です。他のクラスだから、知らない子だからというためらいはよくありません。学校にいる子はすべて自分のクラスの子であるという意気込みををもつことが必要です。

　ただし、指導が難しい子どもや愛着障がいの子どもに対しては、事前に対応を職員で共通理解しておくことも大切です。また、指導した際は

必ずその日のうちに学級担任に報告しておきましょう。また、職員室などで同僚が困っている際は、率先して声をかけ、学校や学年の仕事もできるだけ力を貸すようにしましょう。これも実は時間術の一つだと思っています。

（4）その場主義

　仕事のスキルとして欠かせないものは「その場主義」です。これは、教室や職員室などあらゆる場面で活用できる仕事術です。職員室ではアンケートや書類などの記入を依頼される場合が多々あります。これらのデータや書類を後回しにして忘れてしまう、忙しい時期に締め切りがくるなどの経験がある方も多いのではないでしょうか。こうしたことを防ぐには、提出物をもらった瞬間に取りかかるのがコツです。書類ならもらったらすぐに記入して、データなら直ぐに入力します。わからない項目はその場ですぐ担当者に質問します（このような場面で同僚からの信頼が効果を表します）。このようにして、忘れる前に完了させてしまうのです。どうしても時間がかかるもの（テスト分析や指導案など）は、アウトラインだけでもすぐに書いておくのです。そうすれば、ゼロから取りかかるよりも仕事がスムーズになります。教室でも「その場主義」は同じです。教室で時間がかかってしまう仕事の代表は宿題の答え合わせとテストの採点だと思います。私は、これらを即時に処理することを心がけています。宿題については高学年ならば、子どもに自分で丸付けまで行ってくるように指示することも少なくありません。もちろん、そのようにする意図の説明は必要です（年齢が上がっていくと自分で課題を選択して、自分で答え合わせをし、振り返りを行うことが必要不可欠です。宿題はその第一歩として自分のために答え合わせまで行ってください、などです）。

　そして、子どもが答え合わせをしてきたものを教師がチェックします。低学年ではこの方法が難しい場合があるので、私は朝に宿題を回収して、

答え合わせの前にチェックをしていました。そこで間違った方法やミスが多い場合は子どもと一緒に考えて、しっかりと正しくできていればハンコを押すだけです。そして、その宿題を授業中に返却してみんなで答え合わせをします。このようにすると、一人ひとりチェックする時間が大幅にカットできます。テストも同様です。賛否両論はありますが、テストを提出した子から順番に答え合わせをしていきます。採点が終わると名簿に得点を記入し、子どもには答えのシートを配ってやり直しをさせます。その時間内で採点、得点記入、やり直しまでを完結させるのです。宿題も授業中のドリルやプリントもテストなども即座に返却できるということは、子どもにすぐにフィードバックできるというメリットが教師だけでなく子どもにもあるということになります。また、通知表の所見もその場主義で行っていきます。日々の授業の中で、何か活躍したことや特記事項があるたびに所見のデータ欄に記入していきます。1日一人分であれば2〜3分で終わります。残り1か月ほどでまだデータ入力がない子をしっかりと観察して、所見欄を埋めていけば、提出日には完成できます。

（5）計画

　小学校教師の仕事は子どもの状態に合わせて指導の計画や内容を変更することも多々あります。しかし、年度当初や学期当初に指導計画を立てておくことはとても大切です。今学期にどこまで学習を進めるのかはもちろん、時数にゆとりをもった計画が必要になります。自分自身の都合で休むこともあれば、感染症による学級閉鎖が起こる場合もあるからです。また、子どもの理解が思うようにいかず、計画より時数を必要とする場合もあります。そんな時にあらかじめゆとりをもった計画を立てておくと、子どもたちに合わせた対応が可能です。さらに毎週の週案も立てておくことが望ましいです。そうすることで、特別支援学級担任とも連携しやすいですし、子どもたちもテスト対策などの見通しをもつこ

とができます。

（6）教材研究

　教材研究は安定した授業のために欠かせません。安定した授業がなぜ良いのかはこれまでの項で述べた通りです。子どもたちが毎日、学びに向かって安定して過ごしてくれることこそ、仕事術の一番の目的だからです。

　さて、この教材研究ですが、やはり長期休み（春休み、夏休み、冬休み）でのストックが大切になってきます。プライベートに余裕があれば、本やセミナーなどで自分の学年の実践をストックしておくとよいでしょう。毎日の教材研究ですが、私が最初に行うことは指導目標の確認です。学習指導要領の目標と子どもたちの状態との差を埋めるのが授業づくりなのです。目標と子どもの状態との差を把握した後は、具体的な活動や板書の構想を練りますが、これを一からすべてを作り上げる時間はとてもありません。ここでインターネットや指導書、市販の書籍を活用するのです。これから、予めノートに自分の学年に合う資料をコピーして貼り付けておき、子どもたちに合ったものをチョイスしていくのです。そのままではなく、目の前の子どもたちに合わせて少しアレンジを加えることもあります。さらにいえば、ノートにスペースを作っておき、実践してどうだったのか、反省を書くようにするとレベルアップに繋がります。私は、この作業を長期休みと朝の時間を活用して行っていました。午前中の時間はクリエイティブな仕事に向いています。そして就業前はあまり集中力を必要としない作業にあてていました。

参考文献

三好真史『教師の最速仕事術大全』東洋館出版社、2022 年
髙橋朋彦『教師力を高めるばっちり仕事ルール』明治図書、2022 年
大前暁政『残業ゼロで、授業も学級経営もうまくなる！若手教師のための「超」時間術』明治図書、2016 年

2 教師の学び

　ここでは、広く「教師力」をテーマに「学び」と「メンタル」の二つの側面から述べていきます。

（1）教師の学び

　小学校教師という仕事は子どもに学びを要求する仕事です。学校で子どもたちにとっての一番の学びは目の前の教師自身だと思います。教師という大人が学びに向かっているかどうかは背中で子どもたちへ伝わっていきます。また、社会も刻々と変化していき、同時に教育の世界も社会の変化に比べるとゆっくりかもしれませんが、やはり変化しているので、これまで自分が受けてきた教育の再現だけでは、この仕事はできないのです。子どもたちがこれから経験するのは、私たちも知らない未来の社会なのです。私たちも常に新しい知見をアップデートしていく必要があるのです。

（2）書籍からの学び

　では、どのように教師の学びを進めていくかについての話をしていきます。一番手軽で、かつ時間を選ばないのは書籍からの学びだと思います。定期的に書店に通い、最新のビジネス書や教育書を購入することをおすすめしています。最新の書籍には新たな知識が掲載されていますし、社会の流れもわかります。これは、教育書も同様で、新しい実践を紹介した書籍がどんどん出てきています。書籍は最新の学びを得られるだけではありません。教育の世界にも不易といわれる、いつまでも変わらず大切なものがあるので、やはり学ぶべきものが多い教育実践家たちの書籍は、読んでおきたいものです。これも直接、話を聞けなくても、書籍であればいつでも学ぶことができるのです。さらに、書籍の良さは時間や場所を選ばないことです。朝の10分間で、寝る前の30分を、昼休

みの５分を、と自分で決めて読書を継続されることをおすすめします。以下に小学校教師としてのおすすめ本を紹介させていただきます。ぜひ、チェックしてみてください。

【おすすめ書籍リスト】

　本書において参考文献に挙げさせていただいているものは、どれも教師としての学びを深めてくれるものとなっています。ぜひ、興味をもたれた分野の書籍から手に取ってみてください。書籍は持ち運びできますし、自分のライフスタイルに合わせて好きな時間に学ぶことができる便利なツールです。書籍からは、実際には会えない先人や、著名な先生方の理論や実践を学べるのです。私も自分の教師としての成長を最初に実感できたのは教育書を読むようになってからです。この項では私がこれまで読んできた教育書の中から、おすすめの10冊をリストアップしました。専門書や論文は省き、書店などでも手に取りやすいものを厳選しました。学びを広げるきっかけにしていただければうれしいです。

「新版 授業の腕を上げる法則」

向山洋一　学芸みらい社　2015年

教育界の大ベストセラーの１冊です。「授業」の腕を上げるための法則が１０個、具体的なエピソードと共に記載されています。この一つひとつの法則を意識することで、確実に自分の授業技量がアップする感覚を私も味わいました。一度、読んだ時に衝撃を受けたのですが、それ以来、学期の初めや長期休暇などに何度も読み返しています。

「本当は大切だけど、誰も教えてくれない授業デザイン 41 のこと」

大前暁政　明治図書出版　2021年

授業を考える際に必要な要素をわかりやすくピックアップして、整理して書かれています。「授業方法」や「授業展開」、「協同学習」について

大切にすべきことが、エピソードを交えながら読みやすく解説されています。単元から授業を考える際や研究授業の構想を練る際に、手元に置いておきヒントにしたい1冊です。

「困難な教育　悩み、葛藤し続ける教師のために」

めがね旦那　学事出版　2023年

成熟した大人とは？社会とは？に答えていく内田樹氏の『困難な成熟』にインスパイアされた「めがね旦那」先生の1冊です。教育界の当たり前を疑い続け、常により良い姿に向かって思考を続ける著者の姿勢から刺激をもらえるでしょう。また、そのような姿勢はこの本だけでなく、めがね旦那先生の他の書籍でも同様です。

「教師の授業技術大全」

三好真史　東洋館出版社　2021年

「授業」は目標を達成するための営みです。目標を達成させるために、教師は、さまざまな引き出しをもっておかなければなりません。授業技術大全とあるように、この1冊はそんな引き出しを大幅にアップさせてくれます。さまざまな授業技術が上手くまとめられており、もっていて損はないはずです。

「子どもの発達障害と環境調整のコツがわかる本」

いるかどり　ソシム　2023年

子どもは「自己の特性や認知、モチベーション」と「環境」とのマッチングで成長していくと考えています。私たち教師もそんな「環境」の一部です。さらに、教材、教室空間、友だち関係などもすべて「環境」です。支援が必要な子どもに対して、その子自身に責任を求めていくのではなく、「環境」を調整していくためのヒントが多数散りばめられています。全ページフルカラーで写真も多数掲載されているのもおすすめポイントです。

以上が教育書のおすすめ5冊です。比較的、新しい本をピックアップしましたので、書店で目にする機会が多いものです。これら、読みやすい本をきっかけにして、ぜひ、読書習慣を広げてみてください。そして、教育書は過去の先人たちの本もたくさんあります。これらをきっかけにして、その沼にはまってみるのも面白いかもしれません。

　以下は箸休め程度にご覧ください。教育書だけでなくビジネス書や小説、雑誌なども教師としての知見を広げてくれます。私が読んできた本の中で、教育書以外でのおすすめ5冊をご紹介します。教育書以外を読みたいけれど、何にしようかな？と思われた方は、ぜひ参考にしてみてください。

「図解　コンサル一年目が学ぶこと」

大石哲之　ディスカヴァー・トゥエンティワン　2021年

　私もそうでしたが、学校の教師はビジネスの基本について学ぶ機会がありません。大人に向けたプレゼンや、論理立てた文章を書くことに抵抗感をもっている方も多いのです（私もそうでした…）。こちらの本は内容が図解されているので、本当に読みやすくなっています。論理立てて仕事をしていく際のノウハウを得ることができるでしょう。

「2040 教育のミライ」

礒津政明　実務教育出版　2022年

　どちらかといえば教育書のエリアに入るかもしれませんが、ソニーの教育部門グローバルエデュケーション(SGE)の社長である礒津氏が書かれた本です。最新のテクノロジー技術と教育の在り方について詳しく解説されています。個別最適な学びが進んでいった先には、この本に描かれている未来がやってくるのでしょう。教師として読んでおきたい一冊です。

「学び効率が最大化するインプット大全」

樺沢紫苑　サンクチュアリ出版　2019 年

　日本一アウトプットする精神科医として有名な樺沢氏の 1 冊です。私たち教師の仕事の多くは子どもたちに知識をインプット・アウトプットさせることです。情報にあふれている現代社会で効率的に知識をインプットする方法がイラストと共に多数紹介されています。同じ著者の「学びを結果に変えるアウトプット大全」も合わせておすすめです。

「AI に負けない子どもを育てる」

新井紀子　東洋経済新報社　2019 年

　こちらも教育書に近い分野です。国立情報学研究所教授である新井氏は「ロボットは東大に入れるか」のプロジェクトディレクターで人工知能の研究を行っていました。その中で発見した人間と AI についての能力の比較について述べられています。特に「リーディングスキルテスト」の項は注目です。読解力の低下を話題にしていますが、現場の教師として頷けることばかりです。同じ著者の 「AI vs. 教科書が読めない子どもたち」 も合わせておすすめです。

「本当の自由を手に入れる お金の大学」

両@リベ大学長　朝日新聞出版　2020 年

　最後は 「お金」 に関する 1 冊です。同業の教師と話していると、お金に関する関心や知識の差に驚くことがあります。とびぬけて詳しい方もいますが、職員室に勧誘に来る保険会社と内容も把握しないまま、どんどん契約されている方も…。教師人生を豊かにするためにはマネーリテラシーも必要です。限りあるお金という資源と幸福について、この 1 冊を手掛かりに考えてみてください。

（3）サークルからの学び

　次におすすめなのはサークルでの学びです。サークルとは教師としての勉強会です。どこの都道府県でも熱心な教師たちが集まってサークルを行っています。そこに勇気を出して参加してみるのです。利害関係のない、けれども同じ職の仲間と授業の腕を磨き合ったり、実践を報告し合ったりすると、確実にレベルアップしていきます。また、同じ仲間の実践を見るとモチベーションがアップします。そのようなサークルの場がない場合は自分で作っても良いと思います。同じ熱量の仲間と放課後に会議室などを借りて、勉強会をすれば良いのです。私の場合も自分で同じ市内の仲間を集めてサークルを開きました。このサークルは月に一度、市の施設を借りて勉強会を継続しています。

（4）セミナーからの学び

　インターネットで検索すると、身近なところで、あるいはオンラインでさまざまなセミナーが開催されています。休日にさまざまな団体が全国各地でセミナーを主催しています。受講料が必要なものも多いですが、その分、学校の中だけで得る学びとはまた違った学びを受け取ることができます。さまざまな専門分野に特化した方の話を聞けたり、自分と同じ校種の全国レベルの実践に触れたりすることができるのです。受講料が発生する分、内容もクオリティの高いものが多数あります。そのようなセミナーに参加したことのない先生方は、ぜひ一度興味のある分野のものに参加してみてください。また、学びといっても教育的な知識だけでなく、セミナーならではの2種類の学びがあると考えています。

　一つめはモチベーションの学びです。わざわざ休みの日にお金を出してセミナーを主催したり、発表したり、参加したりされている先生方と同じ場を共有することでモチベーションのアップに繋がり、職場とはまた違った世界を見ることができます。

　二つめは全国レベルを知るという学びです。職場の中だけだと、見えている世界や目標とする世界も同じ土俵の中に留まってしまいます。人間は自分のイメージの中でしか行動できないからです。全国レベルといわれる先生の授業や、そこでの子どもたちの学びを知ることが、自分の授業や子どもたちの学びのレベルアップに繋がるのです。

（5）教師のメンタル：ミッション

　ここからは、教師に必要な心の持ち方、メンタル面についてお話します。私が教師という仕事を続けていくうえで大切にしているメンタルポイントが三つあります。一つめは「ミッション」です。教師の仕事は多忙です。朝から放課後まで日々のタスクに追われていきます。そんな中で、つい「自分が何のために働いているのか」「この仕事にはどのような意味があるのか」といったことを忘れてしまいます。しかし、多くの先生方はこの仕事を目指された際に「子どもを成長させたい」「幸せな未来をつくりたい」といった自分なりのミッションがあったはずです。これはつまり「使命」とも言えるかもしれませんが、使命というと大げさな感じがするので、私はミッションとしています。このミッションを思い返し、忘れないことが大切なのです。日々の仕事をこなしていくことで、確実に自分のミッションへと近づいていっているのです。

　また、このミッションは年齢と共に変化していっても構わないと思っています。私も最初は「子どもも自分も楽しいクラス / 学校を作りたい」でしたが、年齢を重ねる内に「日本の未来を担う人材育成のための小さな第一歩を」と変化していきました（子どもたちが未来に繋がっていることはもちろんですが、教師もよりよい未来づくりの重要なファクターです。私は「若手教師育成」というミッションを勝手に掲げています）。いずれにせよ、自分の仕事の意味や意義、大きな目標を描いて、そしてそれを忘れずに働いて欲しいと思います。

（6）教師のメンタル：困難は成長のチャンス

　小学校教師という仕事を続けていると、どうしても対応が難しい保護者、子どもと向き合わなければならない場面が出てきます。それも一過性のものではなく、1年間というスパンでの対応が必要なのです。時にはいわれのない誹謗中傷を受けることもあります。そのような仕事の困難に向き合う際の心のもちようが二つめのポイントである「困難は成長のチャンス」と思うことなのです。自分とはまったくタイプの違う対応が難しいと感じる保護者がいると思います。そのような時は、自分の保護者対応のスキルや心の器を広げられるチャンスだと捉えてみてください。子どもに関しても同様です。これまでの自分の授業や支援方法では対応しきれない子どももいます。そのような時こそ新たな知識を得たり、新たな方法を試したりするチャンスなのです。これまでの自分は難しい事態に出会うことで、少しずつ成長していくのだと思うことです。その苦しい期間が終わってみると、確実に自分のスキルはレベルアップしているはずだと捉えてみてください。

　私もかつてまったく特別支援学級の経験がない状態で、大規模学校の特別支援学級の主任と特別支援コーディネーターに任命していただいたことがあります。主任でありながらすべての仕事を一から学んでいかなければならない状態です。その1年間はやはり大変で、多くのサポートをしてもらいながら乗り切りました。その後、また通常学級の担任に役割が変わった際に、それまでの自分とは明らかに違っていました。特別支援教育に対する知識や対応の引き出しが増えており、レベルアップしているのを感じられたのです。

（7）教師のメンタル：持続可能

　私たちの仕事はこれまでも書いてきたように多岐に渡ります。また、非常に神経をすり減らす場面も多く、子ども対応や保護者対応で緊張を

強いられることも少なくありません。そんな中で、この仕事を健康に続けていくためにも三つめのポイントの「持続可能」な働き方やマインドがとても大切なのです。この仕事術の各項目で書いてきたことを意識して、定時退勤を目指しましょう。教師の仕事が終わってからは自分のプライベートの時間です。平日でもきちんと自分の時間を取ることが、心身の健康に繋がります。趣味の時間や、家族との時間、自己研鑽の時間を大切にしてください。また、悩んでいることや、苦しいことを周りに吐き出しましょう。そのために職場でフォロー体制を取ってもらってください。それは何も恥ずかしいことではありません。私も指導が難しい子どもを担当した時は随時職員会議で報告し、ケース会議を開いて欲しいと依頼、空き時間にサポートが欲しいとお願いするなど、無理せず自分一人では指導が難しいことを訴え続けました。何より仕事は受け継がれていくものですし、自分の後も、また違う職員が子どもたちを担当していきます。しかし、自分の人生や家族の人生に代わりはいません。無理せず持続可能な働き方をしようと意識してみてください。

3 家事スキル

　ここでは、教育から離れて家庭での家事のスキルをご紹介します。教育書なのに？と思われる方もいるかもしれません。しかし、家庭での時間の過ごし方も、やはり日々の仕事や研究、研修に大きく影響してくるのです。家庭で自分の時間を確保して、リラックスして明日の仕事に備えることや、教育書を読む時間を取ることができれば、仕事もそして人生もより豊かなものになっていきます。とはいっても、本書は生活家事の書籍ではないため、私自身が実践しているものを簡単に紹介しますので、ヒントにしていただけると幸いです。ちなみに私の家族構成は、妻（一般企業、勤務地が遠い）、娘（未就学児、保育園へ通う）、私の３人家族です。子どもを早く寝かせるため、そして私の職場の方が自宅から近い

ため、家事育児などの割合は、私の方が高くなります。そんな生活の中で生み出したスキルです。

（1）家電に頼ろう

　家電量販店に行けば、家事を助けてくれる最新の家電を売っています。時間をお金で買うイメージで、必要なものはどんどん購入していきました。私が活用しているものは「食器洗浄機」（食器を入れるだけで洗い物の時間を大幅削減できる）、「ホットクック」（朝に材料を入れておけば、夜に料理ができ上がっている）、「ハンディ掃除機」（パッと取り出せて、毎日、細かな掃除ができる）、「ルンバ」（リビングの掃除は自動でお任せ）、「ドラム式洗濯機」（乾燥まで夜の間にやってくれます）、このような家電を活用して、自動でやってくれる家事を任せているのです。そしてそこで生み出した時間で他の家事をこなして、生活の時短を図り、自分の時間を確保しているのです。

（2）次の準備を大切に

　仕事も同じですが、時短のためには段取りや仕込みが必要です。毎日の生活の中でも「次の準備」を考えています。料理では休日に１週間の献立を考えて買い物に行きます。その際に、会議の予定とも照らし合わせて、遅くなりそうな日は簡単なメニューになるように考えていきます。また、可能なものは買い物に行ったその日に作り置きをしておきます。休日の時間は取られますが、平日の時間を大幅に削減することができます（休日に作り置きをしながらお酒を飲むという楽しみがあります）。また、洗濯物は極力畳まずハンガーに吊るして収納しています。すぐ取り出せるし、片付けも簡単です。子どもの保育園の用意も洗濯物が乾いた直後にバッグにすぐに入れるようにしたり、玄関に収納スペースを作って素早く朝に取り出せるようにしています。掃除に時間がかかるお風呂やトイレなどは汚れがたまらないように、毎日さっと掃除をしてい

ます（休日にはしっかり掃除します）。このようにして次の行動を見据えて、ひと手間掛かりますが、こうした準備をすることが自分を助ける、という視点を大切にしています。

（3）早寝早起き

　つい時間を生み出せると、その分遅くまで読書やゲーム、テレビを楽しんでしまいそうになります。しかし、ほどほどにして早寝をするように心がけています。早寝早起きをすると日中の時間が活動的になり、結果的に時間が増えた感覚になります。そして、メンタルバランスも保ちやすくなったり、体調不良も少なくなったりして、活動できる日も増やすことができます。規則正しい生活を送ること、これも将来の自分を助けることに繋がるのです。

4　事務・雑務

　教師の仕事のイメージの多くは教室で子どもたちに指導している姿だと思います。しかし、実際に職員室や教室に遅くまで残って事務仕事に追われているという現実があるのです。そんな仕事を少しでもスキルアップしていくことは教師力をアップさせることに繋がります。また、事務仕事がスムーズにいけばいくほど、子どものために使える時間も増えていきます。

（1）データ管理

　年度内の自分のフォルダをわかりやすく項目を付けて整理することが大切です。よく使う項目はフォルダの上位にくるように配置します。データ管理とは異なるかもしれませんが、成績などのフォーマットも3学期分作っておくと良いでしょう。日々の授業で付けた評価や評定もその都度、わかりやすく得点やABCで記入していきます。年度末にエクセル

等で一気に平均が出せるようにしておくと成績処理も簡単です。これまでの毎年のデータもわかりやすく整理しておきましょう。次に同じ学年を担当した際に、そのデータを参考にすることができて、検索する手間を省くだけでも仕事がスムーズになります。学校内の仕事の共有フォルダも同じです。実施月や仕事内容ごとに整理しておくと、担当者が変わった際も仕事の引継ぎがしやすくなります。

（2）見通しをもって会議に参加する

　放課後の仕事で多いのが「会議」です。学校現場ももれなく会議が大好きで、あらゆる会議が行われます。会議に参加する側として意識すべきことは「会議の目的と行動は何か」です。大量の資料がある会議に参加していると、自分が何のためにこの会議に出ているのかという目的意識が薄れてしまいます。「何が理解できれば OK なのか」「この会議は何について合意形成を図るものなのか」という目的意識をもって参加しましょう。さらに「会議の結果、次にどのような行動をするのか」を明確にしましょう。会議で大切なことは参加者が意見を出し合い、合意形成を図っていくことです。そこに時間をしっかりと確保するために「資料なしの口頭提案は禁止する」「資料をただ読み上げることはしない」「会議までに資料を読んでおく」「会議の資料や議事録は電子データを基本とする」などを学校内で申し合わせておくのも良いでしょう。

　在職年数が上がってくると会議を主催することも多くなります。「支援が必要な子どもの個別の会議」「出前授業に関しての企業との会議」「学年の会議」「校務分掌の会議」などです。自分が主催する際も同じで、会議の目的や会議のゴール（いわゆるアジェンダ）を明確にしておきましょう。「この会議では何について話し合うのか？」「具体的にどのような目標や行動を決めるのか？」といった簡単なレジュメを作成しておくと良いでしょう。私は特別支援コーディネーターをしていたので「児童の支援会議」に入る機会が多く、会議までにレジュメを作成して、こち

らで会議のゴールのイメージを描くようにしていました（ゴールに導く誘導的なものではありません。その子どもの〇〇という行動に対してどのような支援をするか？といった課題を明確にするイメージです）。会議までにレジュメを作成したり、支援プランを考えたりと、手間が掛かりますが、漠然と意見だけを出し合い、何も決まっていないという結果を避けることができます。

（3）評価シーズンの働き方

　職員室での仕事が最も忙しくなるのが成績を評価するシーズンです。この時期は、職員室に遅くまで明かりが灯っていることも珍しくありません（普段からそうかもしれませんが…）。評価シーズンを乗り切るコツは何といっても「普段からの記録」です。評価シーズンだけ頑張ろうと思うとオーバーワークになってしまうのです。評価で時間が掛かる代表が所見です。所見では子どもたちの具体的な頑張りを捉えてほめてあげたいですが、そのメッセージを 40 人分一気にとなると、かなり大変です。

　私は評価シーズンではなく、学期がスタートしたら、すぐに所見に取りかかっています。毎日、一人か二人だけ観察する子どもを決めて、その子の具体的な頑張りをメモします。そのメモを放課後に職員室でデータとして入力していくのです。１日一人であれば、入力の時間も３分以内です。この作業を自分の中で習慣化できると、評価シーズンにはほとんど所見が終わっている状態になっているので、最終的な手直しをするだけで、３０分もあれば所見が完成します。実技テストやノート評価なども同様です。普段の授業で定期的に評価の機会を設けて放課後にデータ入力しています。平均を出すように設定してあるため、評価シーズンには自動的にこれまでの評価の平均が算出されています。初めのうちは毎日入力するという作業に負担を感じるでしょう。しかし、慣れてくると確実にこちらの方が効率が良いですし、残業も減ります。さらに、そ

の日の子どもの頑張りを記入しているため、具体的なメッセージとして子どもたちに評価を届けることができるのです。

5 コミュニケーションスキル

　どの職業もそうですが、特に教師という仕事はコミュニケーション能力が求められます。相手となる「子ども」「保護者」「同僚の先生」「地域の方々」など…多様な人々とコミュニケーションを取りながら、子どもの成長をサポートしていくのが教師の仕事の本質です。その意味では授業も学級経営もコミュニケーションの一つだとも考えることができます。コミュニケーションが円滑にできると、子どもの成長を加速させることができるのです。

（1）子どもとのコミュニケーション

　子どもとのコミュニケーションの一番のポイントは「細かなやりとり」だと思っています。会話のテクニックも大切ですが、何より単純に会話する回数を増やすことです。教室に４０人近くの子どもがいると、毎日すべての子どもと会話するのは、なかなか大変です。こちらが意識をしないと「そういえば、あの子と最近話していないな…」ということもあり得ます。「指導をしよう」「その子のためになる話をしよう」などと気負わず、何気ない雑談で良いので、短い会話のキャッチボールをできるだけたくさんの子どもたちとできるように心がけてみてください（その日、観察する子どもとは必ず会話をすると決めておくのも有効です）。
　マイナスのイメージをもたれていない状態だと単純に接触する回数が多い方が相手に良い印象を持たれやすいという心理的効果もあります（これを「ザイオンス効果」と言います）。

（2）人権感覚を研ぎ澄まそう
....

　子どもとの日々のコミュニケーションや指導の中で、意識して欲しいことが「人権感覚」です。私たちはこれまでの経験などから、人権に対する一定の価値観をもっています。ただし、その感覚は時代によって変化するものですし、常にアップデートしたり、感覚を研ぎ澄ましたりしなければ、不用意に子どもを傷つけてしまうことがあるのです。何気なく「お母さんに用意してもらってね」と伝えたその子が父子家庭であるかもしれません。「お家の人にこの書類を書いてもらいましょう」と伝えたその子が福祉施設から登校しているかもしれません。「自分の部屋で宿題をしましょう」と全体指導すると、家族が一間で生活している子が傷付くかもしれないのです。ジェンダーに関する内容も同じです。「男の子は〜」「女の子は〜」という不用意なくくり方をしてしまうと、「私はどっち？」とモヤモヤを抱えている子がいるのです。自分の価値観や大多数（マジョリティ）の価値観にすべてを当てはめて指導をする怖さを自覚してこそ教師だと思います。子どもにとって教師の存在は大きいものです。教室にいる唯一の大人として、人権感覚豊かなコミュニケーションのモデルとなりましょう。

（3）同僚とのコミュニケーション
....

　教師の仕事は子どもや保護者とだけコミュニケーションを意識すれば良いのではありません。学校や学年のチームとして同僚の教師と一緒に動いていくからこそ指導の教育的効果が高まるのです。その意味では同僚とのコミュニケーションも重要です。同僚の先生とのコミュニケーションにおいても、子どもたちとのコミュニケーションのポイントは変わりません。何気ない関わりの機会を増やすことが大切なのです。忙しい放課後にゆっくり話をする機会はあまりないかもしれません。そんな中でも何気ない会話のキャッチボールを交わす回数を増やすイメージで

す。「天気の話」「食べ物の話」「旅行の話」「趣味の話」など、どんな話でも大丈夫です（政治や宗教の話は避けるのが社会人としてのマナー？です）。

　一番小さな会話は「挨拶」です。親近感をもってもらうために「〇〇さん、おはようございます」と相手の名前を入れるのも効果的です。また、忙しいからといって自分の仕事だけに取り組むという意識はおすすめしません。率先して周りの仕事を手伝う意識をもちましょう。「自分の学年でなくても会場設営があれば椅子を並べる」「何かものを探している先生がいれば一緒に探す」「機材のセッティング作業があれば一緒に行う」「印刷の紙が無くなりそうなら自ら補充する」などです。時間を取られるかもしれませんが、自分が困った時も周りの先生が助けてくれるはずです。周りのためにもなるし、自分のためにもなるのです。

（4）第3のコミュニケーション

　ここまで学校に関わる人々とのコミュニケーションについて述べてきました。当然、校内のコミュニティに関わる人々と良好な関係を築くことは大切です。それだけでなく「第3のコミュニティを持つ」メリットについても考えてみましょう。「家族」「職場」以外の第3のコミュニティをもつことは教師人生において大切だと感じています。自分を例に挙げると「家族」では「夫」「父親」という役割と、それに伴う責任があります（当然、一番リラックスできる場でもあります）。「職場」では学年主任・担任などの役割、責任、そしてプレッシャーもあります。そのような心の負担感が少なく、ずっと一緒にいる「家族」の場とは別なコミュニティを「第3のコミュニティ」と言います。（サードプレイスとも言ったりもします）そのようなコミュニティで自分の居場所を見つけると、かなり気持ちのリフレッシュになります。

　特にそれが教師以外のコミュニティだと、教師以外の世界を知ることもできます。教師は世間知らずと思われているケースも多く、実際に学

校だけの独自の文化や働き方も多いと思います。大人の目線で他の職業の方々と関わる機会はとても良い仕事になります。私にとってはよく行くバーや立ち飲み屋がそのコミュニティになります。それ以外にも趣味の習いごとや学生時代の友だちの集まり、ご近所さんとの交流などもコミュニティになり得ます。

6　保護者対応

　本章「1 仕事術」「(1) 保護者からの信頼」でも簡単に触れましたが、保護者対応の大切なポイントは「細かな連絡を欠かさない」ことです。
　ここではそれについて詳しく解説していきます。

（1）細かな連絡を大切にする

　保護者対応の大原則は「細かな連絡」を欠かさないことです。私たち教師も忙しい、保護者も忙しいという状況で、小さなトラブルや怪我だと「これくらい連絡しなくても大丈夫かな」という考えが出てきます。さらに、その保護者が「これくらい大丈夫ですよ」と過去に言ってくれていれば、なおさらです。しかし、そのような状況や言葉に甘えて連絡をしないでおくことはおすすめしません。保護者は子どもを学校にあずけているのです。子どもの状況や出来事について知る権利があるのです。以前は「これくらい大丈夫ですよ」と言っていたとしても、今回は「なぜ、連絡をしてくれなかったのですか」となることも少なくないのです。小さな出来事でもできるだけ保護者に連絡を入れるようにしましょう。
　トラブルが多い子どもの場合、マイナスの連絡ばかりになってしまうケースもあります。そのような子どもの保護者の場合は定期的に連絡を入れるようにするのがおすすめです。マイナスの報告がない時でも連絡を入れて、小さなプラスの情報を伝えたり、時には保護者と雑談をしながら信頼関係を構築していくと良いでしょう。そうすることで「先生か

らの連絡＝マイナスの情報」という認識を変えていくのです。

　教師も人間です。ことあるごとに嫌味を言ってきたり、噛みついてきたりする保護者もいます。どうしても、そのような保護者の相手をするのは気が進みません。「電話するのが嫌だなぁ」という気持ちから、「このくらいなら、連絡しなくても大丈夫」という判断をしてしまうことがあります。私もかつて、そのような思考になっていました。そんな時に先輩の先生からアドバイスされたのは「少しでも迷ったら連絡しておきましょう」です。連絡をした結果、また嫌味を言われるかもしれません。それでも、連絡を絶やすことで、より大きな不信感に繋がるよりは連絡を入れた方が良いのです。どうしてもそうした関係をつくるのが難しい時は学年主任や生徒指導主任、管理職の先生に間に入ってもらうのも良いでしょう。とにかく連絡できる関係を絶やさないでおくことが大切です。

　私は、電話よりも文章で伝えた方が自分の考えを伝えやすく、落ち着いて言葉を選び伝えることができると思います。しかし、文章による連絡にもメリットとデメリットがあります。メリットは「言葉を選び、推敲できる」「他の先生と相談したうえで回答できる」「書いたことを残すことができる」などです。一方、デメリットは「相手の気持ちを読み取りにくい」「こちらの表情やトーンを伝えることができない」「文章が残るので逆手に取られることがある」「伝わるまでに時間が掛かる」などです。私はトラブルなどの報告は基本的に電話か家庭訪問で行うようにしています。直接、声を交わしてやりとりすることで、自分の書いた文章で誤解を生むのを避けられるからです。どの連絡方法が適切かは場合によって異なりますので、状況に合った方法を使いこなせるようにしましょう。

（2）先手必勝

　先の項目とよく似ていますが、保護者対応の原則は「先手必勝」です。

子どもは自分の都合の良いように出来事を解釈します。ましてや、それを保護者に話すとなると、自分の落ち度は隠して、自分がされたことばかりを伝えてしまうことがあるのです。保護者は我が子のことを信じているものです。子どもの話を信じて学校へ不信感をもって連絡、という流れは、皆さんも一度は経験されたことがあるのではないでしょうか。このような事態を防ぐためには子どもが保護者に伝えるよりも先に保護者に連絡を入れることが望ましいです。

　また、そのことを子どもに伝えておくと、なお効果的です。会議などで放課後も多忙で電話のタイミングが取れないことも多くあります。私は休み時間中や保護者の昼休みの時間帯のタイミングを見計らって連絡することも度々あり、また、会議があっても別室で電話をさせてもらうこともありました。保護者対応が後手になってしまい、こじれてしまうと本当に大変です。少々、手間を掛けても「先手必勝」で保護者連絡をしましょう。そして、さらなる「先手必勝」はトラブルが起こる前に「細かな連絡」を取っておくことです。これも先ほどの項で解説した通りです。

（3）子どもの事実から変えていく

　保護者と協力して子どもを成長させていきたいという思いは、どの教師も同じはずです。しかし、現実は保護者との連携が難しいケースも本当に多いのです。「子どもが大変な現状を伝えてもなかなか理解してもらえない」「指導の実態を伝えても反発される」などです。私も本当によくそういう経験をしました。このような状況の打開策は「子どもの事実から変えていく」ことです。保護者に子どものマイナスの状態を伝えてもなかなか受け入れがたいものです。私も親なのでわかりますが、子どものマイナスを自分のマイナスのように感じてしまうのです。自分の家庭環境や子育てを否定された気がするのです。私の経験では、保護者を良い方向に変えさせるよりも、子どもを変える方にエネルギーを使う

方がはるかに効果的で効率的です。子どもが今よりも成長するためのさまざまな手立てを考え、その結果、少しでも子どもが良い方向に変わっていれば、その事実を保護者に伝えるのです。「子どものために先生があれこれ考えてサポートしてくれている」「子どもの状態が前よりも良くなっている」と感じると保護者の心のドアも開いてきます。その状態で保護者に協力を呼びかけると上手くいく場合があるのです。まず保護者にアプローチするのではなく、子どもが成長を実感できるような事実に変えていくというように順番を意識してみてください。

7 ICT

　現代の教育業界にとって ICT の活用は必要不可欠なスキルとなりました。つい１０年〜２０年前は手書きでテスト結果を教務必携に記録していたり、通知表も手書きで記入していたりしました。私もテスト対策のプリントなどを遅くまで残って手書きで書いていた経験があります。そこに ICT が現場に導入されてきました。コロナ過と GIGA スクール構想が相まって一気にその流れは加速しました。さらに中央教育審議会（2021）は「『令和の日本型学校教育』の構築を目指して〜すべての子供たちの可能性を引き出す、個別最適な学びと、協働的な学びの実現〜（答申）」を公表しました。その中で、「誰一人取り残すことない学び」の実現に向けた手段として、ICT の活用が重要視されています。ICT は、「Information and Communication Technology」の略で、日本語では「情報通信技術」です。子どもの成長を支える一つの技術として、ICT にも親しんでいけるようにしていきましょう。

（1）個別最適な学びに向けて

　ICT を語るうえで切り離せないキーワードが「個別最適な学び」です。「個別最適な学び」は「指導の個別化」と「学習の個別化」の上に成り

立つとされています。「指導の個別化」は【教師が支援の必要な子供に
より重点的な指導を行うことなどで効果的な指導を実現することや、子
供一人一人の特性や学習進度、学習到達度等に応じ、指導方法・教材や
学習時間等の柔軟な提供・設定を行う】ことです。「学習の個別化」は
【子供の興味・関心・キャリア形成の方向性等に応じ、探究において課
題の設定、情報の収集、整理・分析、まとめ・表現を行う等、教師が子
供一人一人に応じた学習活動や学習課題に取り組む機会を提供すること
で、子供自身が学習が最適となるよう調整する】ことです。簡潔に言え
ば「一人ひとりに合った指導方法や子どもの学び方を提案、実施してい
きましょう」ということになります。そうは言っても、クラスには４０
人近くの子どもたちがいます。一人ひとりに合った指導方法、教材など
を手作りすることは現実問題としてほぼ不可能です。そこで ICT を活
用していくのです。

　よく実践されているのが「AI ドリル」です。子どもがタブレット PC
上で繰り返し問題を取り組む中で、AI が学習状況を分析してくれます。
AI は、子どもの得意な単元を把握したり、苦手な問題をピックアップ
したりすることができます。間違えた問題やその類題だけを出題したり
することのできるものも多くあります。私は、テスト前などにこの AI
ドリルに取り組む時間を取っています。同じように AI ドリルに取り組
んでいても、その内容は一人ひとりに合ったものなのです。また、AI
ドリルに取り組むだけでなく、自分が苦手な内容の授業動画を視聴する
のも良いでしょう。授業を録画しておいたり、解説のサイトにアクセス
したり、NHK の番組の動画を利用したり、その方法も多岐にわたります。
「AI ドリル」や「動画視聴」という手軽な入口から ICT の実践を初めて
みてください。

（2）授業での ICT 利用

　先ほど、例に挙げた「AI ドリル」や「復習での動画視聴」以外にも

さまざまな場面で ICT を利用することができます。専門的な知識が無くても、すぐに取り入れることができる ICT の実践をいくつかご紹介します。まずは「写真撮影機能」の利用です。生活科や理科で育てている植物の写真を撮影することで、手軽にこれまでの成長を見比べることができます。1 週間ごとの写真のデータを 1 枚のシートに貼り付けると見やすいでしょう。図工でも写真撮影は有効です。保護者は作品の完成状態しか見ることができません。作成過程の段階を記録しておくと、どのように作っていったのかを知ることができるのです。こちらが成績を付ける際もその工夫が見やすくなるのでおすすめです。理科の実験では、動画撮影しておくと、一瞬で終わってしまう現象を繰り返し確認することができます。

　体育の練習やテストも撮影してみましょう。子ども自身がそれを見て、自分のフォームを確認して、改善へと繋げることができます。先ほどの図工と同様、成績評価にも活かすことができます。その他にも「調べ学習等でのインターネットの利用」「自分の考えの共有」「考えの比較」などがさまざまなアプリからできるはずです。校内の ICT が得意な先生の実践から学ぶのも良いでしょう。以下に、おすすめサイト（アプリ）をご紹介します。

・「Kahoot!」

ダウンロードが必要なく、ブラウザから利用可能。選択式の問題で活用できる。さまざまな先生が作成したクイズや復習問題も活用することができる。

・「Canva」

事前に登録や承認が必要。直観的な操作で利用できるデザインツール。プレゼン資料やしおり、ポスターやカードなど、さまざまな用途で使用することができる。

（3）校務の効率化

　授業での利用だけでなく、私たちの仕事を効率化するツールとしてもICTは有効です。すでにさまざまな自治体で実施されていると思いますが、いくつか具体例を紹介します。まずは「保護者の欠席連絡などのアプリ化」です。これまで保護者が学校に連絡したい時は電話という手段しかありませんでした。しかし、アプリを導入することにより手軽に連絡ができます。学校側も電話を受ける手間が減るため、効率化に繋がります。同様のアプリを使用して「手紙配布のアプリ化」もかなり有効です。手紙を印刷する手間や配布ミスなどのリスクが大幅に減ります。保護者にとっても、いつでも手紙を見返すことができるので、大変便利です。

　「会議のオンライン化」は、すっかり学校現場に浸透してきました。オンラインで話し合いができるため、わざわざ出張する手間もなくなり、遠方の学校や企業との打ち合わせも本当にスムーズになりました。「資料の電子化」も、もしまだアナログの学校があれば、積極的に進めていきましょう。資料を印刷したり、閉じたりする時間をカットできます。当然、インク代や紙代のコストも削減することができます。多くの学校には職員もタブレットPCなどの持ち運び可能な端末が支給されているはずです。その端末も積極的に活用していきましょう。教室に持っていくと、その場で成績入力ができたり、子どもの記録を打ち込んだりすることができます。私は、学級通信も基本的に教室で作成しています。端末で撮影した写真もその場ですぐに取り込めるために本当に便利です。

8　不適応行動（問題行動）

　現場での一番の困りごとといえば子どもたちの不適応行動（いわゆる問題行動）なのではないでしょうか。授業中のおしゃべり、友だちとのトラブル、掃除をしない、整理整頓ができないなど、学校での問題行動

を挙げていくとキリがありません。ここではその行動の分析や対応など
について述べておきます。

（1）不適応行動（問題行動）の捉え方

　そもそも問題行動とは誰にとって問題な行動なのでしょうか。多く
の場合、教師や周りの子どもにとって問題が大きい行動ということにな
ります。当人は問題だと思っておらず、他者が問題だと思っているので
す（もちろん、長期的に見れば本人も不利益を被るので、問題な行動な
のですが）。では、本人にとってはどのような行動になっているのでしょ
うか。多くの場合、自分なりにその場に適応しようとしているのだけれ
ども、その方法や目的が間違っているケースがあります。そのため、周
りの環境と不適応になってしまうのです。先生にもっと認めて欲しいと
思っているからこそ、授業中に大きな声でしゃべったりするのです。こ
のようにして捉えると、問題行動というよりは不適応行動と考える方が
良いと思っています。

　さて、この子どもの不適応行動ですが、大きく四つの機能に分類する
ことができます。行動を分類することで対応の手段のヒントになります。
その分類は次のようになります。①自己刺激行動　②逃避行動　③注意
喚起行動　④要求行動

（2）自己刺激行動

　自己刺激行動は自分に刺激を与えるための行動です。退屈だと感じた
時に身体を一定のリズムで動かしていたり、手をひらひらさせていたり
といった状態です。これは自分にとって快感覚を入力するための行動と
捉えることもできます。また、ASD の特性として一定のパターンを継
続する行動などもここに分類されることがあります。

（３）逃避行動

　逃避行動は活動やその環境から逃げようとしている行動です。逃げるといっても物理的にその場所を出ていくといった行動だけではありません。その行動をすることで結果的に行動が中断されて、やるべきことをやらなくて済んだといった場合もこの分類になります。例えば、課題の最中に大きな声を出すことで注意されて、課題をやらなくて済んだといったことなどです。

（４）注意喚起行動

　注意喚起行動は聞き手の注意が自分に向けられていない状態の時に自分に注意を向けるための行動です。わかりやすいのが先生に注目して欲しくて、わざと授業中に私語をするなどです。ここで注意したいのが、こちらは叱っているので注目しているのではない、と思ってしまうことです。しかし、叱られることでも子どもにとっては注目を得られたと感じているケースが多々あります。

（５）要求行動

　要求行動は相手に何かの要求をするための行動です。「〜して」と言葉で伝える行動ならわかりやすいですが、それが不適応行動として表現されることも多いのです。要求する対象はものであったり支援者の手伝いであったり、特権を得ることであったりとさまざまです。

　これらの分類解説を読んでいただいて、気がつかれた方も多いと思いますが、同じ「大声を出す」といった行動でもその機能が異なる場合があります。その行動をとった環境や、その行動をとった結果、どうなったのかを考えて、行動の機能を推察する必要があるのです。
　では、それぞれの行動機能に対してどのように対応していけば良いの

でしょうか。具体的な行動の一つひとつの対応策を記述することは、できませんので、対策を考える際の枠組みをお示ししたいと思います。

（6）自己刺激行動への対応

　自己刺激行動についての対応は、「環境調整」と「スキルの獲得」です。退屈だと感じる際に、自己刺激行動が起こる場合は、いま何をするのか手順を明確にしたり、隙間時間を極力無くしたりして（活動と活動を重ねるイメージ）、行動が起こらないようにするという対応が考えられます。また、自己刺激の入力を他人に迷惑にならない方法に変更するという方法もあります。例えば、机をトントン叩くと音が鳴って迷惑になるので、ポケットの中で音が鳴らないセンサリーツールを握るなどです。また、足をガタガタさせて、音が鳴ってしまう場合は机の下にゴムを貼って、そこに足を乗せて動かせるようにするなどです。周囲に迷惑にならないように環境を調整したり、持続可能な行動にスキルを変更したりする対応を考えてみてください。

（7）逃避行動への対応

　逃避行動についての対応は自己刺激行動と似ていますが「環境調整」が一番に検討する対応になります。なぜ、その場から逃避的な行動をとってしまうのか、その行動の前にはどのような出来事があったのかを探る必要があります。苦手だと感じる算数の時間にそのような行動が起きている、大きな音が鳴る音楽の時間、友だちから注目を浴びる発表の時など、逃避行動が起こった状況の記録をとってみてください。

　その次は、その状況に少し変化を加えてみましょう。行動が起こらないようにするために算数の問題を少し減らしてみる、イヤーマフの着用を提案する、口頭の発表ではなく資料の提出に変更するなどです。このように子どもが逃避する原因を探り、それを避ける環境を整える必要があります。また、SLD や感覚の過敏性がある可能性もありますので、

そうした特性についてのアセスメントも必要です。

（8）注意喚起行動への対応

　注意喚起行動の目的は、教師あるいは友だちからの注目を求めることですが、それが不適切な方法や状況で起こっているのです。ここでのポイントは「認知の修正」です。例を挙げると、「大声を出すことで注目を集めることができる」という認知を修正するのです。具体的な方法としては、不適切な行動をしている時には、できるだけその子に注目しないようにして、声をかけずに、ジェスチャーで制止するアクションをしたり、適切な行動を取っていたりする子に注目するなどが挙げられます。そして、不適切な行動をとる子が適切な行動をとった時には大げさなくらいにほめるようにします。この繰り返しにより、適切な行動をとった方が注目を得ることができると認知を修正するのです。よく「間違った行動は無視せよ」と先輩から助言を受けることがあります。これは、半分正解で半分間違いだと思っています。正しい行動の時にほめることも注意喚起行動への一つの対応方法なのです。

（9）要求行動への対応

　要求行動への対応のポイントは「環境調整」「ソーシャルスキルの獲得」「認知の修正」であり、これまでのそれぞれの不適応行動の対応を組み合わせることが必要になってきます。一番対応が難しいのがこの要求行動なのです。子どもが不適切な行動で何かを要求しているのが要求行動ですが、この要求通りに何かを与えてしまうと子どもの要求がエスカレートしていきます。そこで、そもそも要求をしないような環境を設定したり、要求する際の正しい方法を教えたりする必要があります。さらに不適切な要求行動が出た際は刺激を与えず、正しい方法の時はほめてあげることで、ソーシャルスキルを定着させていきます。

著者履歴

西山　佳祐（にしやま　けいすけ）

1989 年、大阪府出身。桃山学院高等学校から大阪教育大学へ進学。

在学中は、小学校国語コースに在籍。その後、堺市の公立小学校で勤務。

幼稚園教諭、小学校 1 種、中学校国語 1 種、高等学校国語 1 種の免許を所持。

教育サークル「T スクエアの会」の代表。

自身のサークルで「学級開き」「授業づくり」などのセミナーを開催。

これだけは知っておきたい！
小学校教師の仕事の基礎知識
ー学級づくり、授業づくりからスキルアップ術までー

2024 年 3 月 1 日初版第 1 刷発行

著　者　　西山佳祐
発行者　　安部英行
発行所　　学事出版株式会社
　　　　　〒101-0051　東京都千代田区神田神保町 1-2-5
　　　　　電話 03-3518-9655
　　　　　ＨＰアドレス　https://www.gakuji.co.jp

編集協力　　出版・編集工房　池田企画
イラスト　　あべまれこ
印刷・製本　研友社印刷株式会社

ISBN978-4-7619-2996-1 C3037